いちいち悩まなくなる口ぐせリセット

大嶋信頼

大和書房

はじめに——弱気、引っ込み思案な自分を口ぐせでリセット！

みなさんは、ついつい言ってしまう〝口ぐせ〟ってお持ちですか？

仕事を始める前の**〈よし！　やるか！〉**
人の話しに納得すれば**〈そうだったの!?〉**
つい会話の先頭につけてしまう**〈だからさ〜〉**
うまくいかないときの**〈いつもこうなるんだから！〉**
気乗りしない頼みごとに対して**〈面倒だなぁ〉**

こんな風に、ポジティブな言葉もあれば、自分へのなぐさめや愚痴、怒りに満ちたものまで、たくさんあります。

この無意識のうちに出てしまう、ちょっとした言葉の使い方次第で、人生が変わってしまうということがあるのです。

それは、口ぐせこそが、あなたと、そして周りの環境にまで影響を与える大きな暗示の力を持っているからです。

「そんなおかしいことがあってたまるもんですか！　たかが口ぐせでどうこうなるわけないでしょう⁉」

そう思われるのも、この本を読む前ならば仕方がありません。ですが、実は私自身こそ、口ぐせの暗示のせいで長らく苦しめられてきました張本人なのです。

子どもの頃の私の口ぐせは**〈自分はダメだ〉**というものでした。

私の母や祖父は、しつけや教育に厳しい人たちで、「思い上がったらダメで最低な人間になる！」とつねづね教えられてきました。

「いつ、どんなときでも謙虚でなくちゃ！」

幼いながらそんな思いに支配され、徐々に謙虚さがいつのまにか「自分はダメだ！」という卑屈な言葉に代わっていきました。

一方で、**〈自分はダメだ〉**と言うことで、「今はダメだけど、いつかすごい才能を発揮できるのかも！」と心のどこかで期待も持てました。

〈自分はダメだ〉としょっちゅう唱えることで「努力して、いつか普通の人以上になれる」と信じていたのです。

たとえば、親に買ってもらった船のプラモデルを作っていたときのことです。うっかりして大事なパーツを破損してしまいました。

すると、その瞬間、胸の奥のどこからか**〈自分はダメだ〉**という言葉が出てきました。どんどん「続けてもダメ。完成させられない」という気持ちが強まっていき、結局バラバラのまま押入れにしまってしまいました。

それを見ていた母は、「あんたって本当に何も最後まで完成させられないダメな子だね」とこぼしていました。

また、学校の宿題でも、少しでもわからない問題にぶつかると**〈自分はダメだ〉**

と呟いてしまい、やる気が失せてしまうことも。ひたすら消しゴムかすが気になって、それをいじって時間がどんどん過ぎるだけでした。

するともちろん、母から「勉強してないじゃない！」と怒られるわけです。

こんなことが続いたら、どうなると思いますか？

「ダメだけれど、いつかよくなる自分」というイメージは消えて、「何をやっても本当にダメな自分」というイメージにすり替わってしまいます。

気づけば私は、卑屈で消極的で、何も続かない人間になってしまいました。

口ぐせの暗示は、私の性格さえも形作ってしまったのです。

そんな卑屈めいた私に、ある転機が訪れました。

大学生になったある時、先輩と話をしていたら何かの拍子に「僕はダメなんですよ」といつもの口ぐせがつい出たことがあります。

それを聞いた先輩は、「お前のそういうところが嫌いだ」と言われてしまいました。

私は内心、「また怒られた……」と感じたのですが、「自分がダメだから、すぐに怒られて嫌われる」と。

でも、やさしい先輩は丁寧にその理由を話してくれました。整理すると、先輩の怒っているポイントはまったく違い、「実は自信家のくせに、卑屈ぶってごまかしているところが鼻につく」ということでした。

そう、**〈自分はダメだ〉**で卑屈になりながらも、抱いていた自分への淡い期待を歪んだ自信にしてしまっていたのです。

冷静になって振り返れば、自分を奮起させる言葉が、いつの間にかネガティブな暗示となり、「自分は何をやってもダメだ！」となんでも投げ出すようになっていました。

しかし、さらにこじれて、**〈自分はダメだ〉**と思いながら、心のどこかで「ダメなんかじゃない。本当はすごいんだ！」と、無意識のうちに周囲を見下すような態度を取っていたのです。

そして、口ぐせのせいで隠れてしまった「才能を開花させた自分になりたい」という気持ちに、ようやく気づけたのです。

このときから〈**自分はダメだ**〉と言いそうなタイミングで、〈**結構できるかも！**〉という口ぐせに変えてみました。

すると、〈**結構できるかも！**〉とボソッと言うだけなのに、いつも途中で投げ出してしまっていた分厚い本が最後まで通しで読めてしまったのです。教授に何度も書き直させられていた心理学のレポートも、いじけずにスラスラ書き直して提出できるようになりました。

さらには、それまで友達から「仲間に入りなよ！」と誘われたことなんて一度もなかったのに、「うちのバレーボールチームに入ってよ」と声を掛けられるようになったり、飲み会にも誘ってもらえたりするようになりました。

口ぐせ一つ変えただけなのにこんなに自分も周りも変わるなんて、驚きの連続でした。

これまで、分厚い本を最後まで読むことができなかったのも、勉強に集中できなかったのも、そして友達ができなかったのも、〈**自分はダメだ**〉の口ぐせのせいだったのです。

確かに、「口ぐせのせいで、自分はこれまでとても損をしてきた」と悔しい気持ちになることもありました。

でも、そんなネガティブな気持ちさえも、「これからは〈**結構できるかも！**〉」という言葉に変えてしまうと、とたんに過去にとらわれなくなり、未来が楽しみで仕方なくなっていきました。

このように私たちが知らず知らずのうちに使っている口ぐせが暗示を生み出し、「弱気な自分」「敏感すぎる自分」「ネガティブな自分」などの自己像を作り出してしまっていることがあります。

困ったことに、私のエピソードのように、口ぐせやその暗示効果は自分でも気づきにくい場合がほとんどです。

そこで、この本では、口ぐせの暗示をわかってもらうとともに、よく使ってしまいがちなネガティブな口ぐせを紹介していきます。

そして、それを具体的にどう変えればいいのかまで、ばっちりお教えしたいと思います。

今まで人間関係でつらい気持ちを抱えてきた人も、苦しい状況に堪えて頑張ってきた人も、口ぐせで人生を変えられます。

この本を手に取ってくださったあなたは、もう大丈夫。

「あれ!? こんなに変わるんだ！」という体験のあと、口ぐせを変えたくてたまらなくなることでしょう。

そして、あなた自身の気持ちに、正直に生きられる未来を手にできることを願っています。

大嶋信頼

第1章

「口ぐせリセット」で、人生を最大限楽しむ

CONTENTS

第2章

ビクビク・オドオドしなくなる
「気弱な自分」をリセット！

第3章

なんでも楽しくなってしまう「だるい気持ち」をリセット!

第4章

攻撃する人が消える「つらい人間関係」をリセット！

第5章
不安がぶっ飛ぶ「あせる仕事」をリセット！

第6章
ムリなく自分らしく「他人中心の幸せ」をリセット！

第1章

「口ぐせリセット」で、人生を最大限楽しむ

言葉に強く影響される人の3タイプ

言葉の暗示力は人間の心理に大きく影響を与えています。しかし、その影響力には個人差があります。

言葉に強く影響されてしまう人のタイプは、

①コミュニケーションが苦手
②人間関係で緊張してしまう
③人とは違う点にこだわりをもつ

という3つが挙げられます。

まず、「①コミュニケーションが苦手」というタイプ。

このケースでは、**相手が誰かに言ったことを自分への言葉として受け止めてしま**

うことが非常に多いです。

たとえば、ある人が冗談で周りの人をどっと笑わせていたら、まったく関係ないのに「自分はバカにされているのでは？」と思ってしまい、ムッとしたり傷ついたりしてしまいます。

社交辞令の食事のお誘いでも、その後ひたすら声がかかるのを待ち、「なんで誘ってくれないんだろう？　嫌われちゃったのかな？」と考えてしまったりもします。

ある女性は、学生時代、テスト開始直前に先生から言われた「できていませんね！」という言葉を「私がちゃんと勉強していない、と先生は言った！」と思い込んでしまったそうです。

先生の真意は「机の上がテストをするように整理されていない」という意味だったとのことですが、**言葉をダイレクトに自分に結び付けてしまう**のです。

反対に、自分が相手に何かを説明するとき、細かい状況ばかり説明してしまい、「何を言っているの？」と周りを混乱させてしまいます。要点だけ伝えると「言い方がきつくてストレートすぎる」と気まずくなってしまいます。

さらにこのタイプでは、場の空気を読んで行動する、ということも苦手です。空気を読んでいるつもりなのに、自分が気を遣って動いたり発言したりすると妙な空気が流れて「あれ？」となってしまいます。

自分ではいつも人に気を遣っているつもりなのに、相手との関係が逆にこじれてしまうことがあります。


次に「②人間関係で緊張してしまう」というタイプ。

これらの緊張の理由には、「自分の発言で相手を不快にさせちゃうんじゃないか？」「相手から嫌われちゃうのでは？」という心理があります。

緊張するからさらにドギマギしてしまい、「相手から変な人って見られているかも？」と思えば思うほどさらに緊張してしまう、という悪循環に陥《おちい》るのです。

「こんなことを言ったら嫌われるかも？」と思って緊張していると、なにかのきっかけで思っていたことがついポロッと出てしまいます。

「相手にこれを言ったら傷つくだろうな」と気をつけるほど、言ってはいけないこ

とを言ってしまいがちになります。

そして、このタイプの人は誰かと会った後に、いつも一人反省会をしてしまいます。「あんなこと言わなきゃよかった……」という気持ちに支配されるのです。

相手を傷つけないように、不快にさせないように、嫌われないように――一生懸命気をつけていても、結果はいつも真逆になるから、人間関係への苦手意識がますます高まります。

最後の「③人とは違う点にこだわりをもつ」というタイプは、自分が決めた手順やルールがちょっとでも乱されると、それを正したくなるタイプです。

誰かがルールを守らないと、その人が気になって仕方がなくなってしまいます。ルールを守っていない人がモヤモヤと頭の中にずっと居座ってしまうのです。

さらに、他の人が忘れていることまで覚えている傾向もあるので、「いつまでも嫌な思い出が消えない」と悩む人が多いのもこのタイプ。

「歩道は左側通行なのに、なんで右側を歩いている人にゆずらないといけないの!?」とムカムカしてきて頭から離れなくなります。

言葉の暗示をゆるめる“口ぐせリセット”

“口ぐせリセット”は、先ほどお話ししたような3つのタイプを、ほぐして、ぐっとやわらかくしてくれます。

たとえば、子どものころに親に叱《しか》られた際、たまたま親がとても不機嫌で「あんたはうちの子じゃない！」と言われたことはありませんか？

心が言葉に影響されない人は、大人になるにつれて冗談だとわかります。

しかし、**心が言葉に影響されてしまう人は、「親は本気で“うちの子じゃない！”と言った」とずっと心の中に抱え込みます。**

そして「私は望まれて生まれてきた子でもなければ、両親から愛されてもいない」という想像を広げてしまうのです。

さらには、たとえ冗談でも、「そんなことを子どもに言うのは間違っている！」

という思考が働き、「両親はひどいことを言って、私を傷つけた」と苦しみが増してしまいます。そして、ネガティブなスパイラルに迷い込んでしまうのです。

その不快なスパイラルから、あなたを引き出してくれる助けが必要となります。

それこそが、〝口ぐせリセット〟です。


この場合、**「子どもは愛されるべきだ！　なのに、両親は私を愛していない」という自分のこだわりと思い込みのあいだで矛盾が発生しています。**

心の中では「なんであんなことを言うんだろう？」という心理がぐるぐる回っているせいで、自己否定感が生まれ、**〈私なんて……〉**というネガティブな口ぐせが誕生します。

〈私なんて……〉という口ぐせは「愛されるはずなのに、愛されない」という矛盾を自分に納得させるための言葉なのです。

「自分なんてどうなったっていいんだ！」とわざと卑下《ひげ》して周囲から孤立させることで、自分を「価値のない人間」に仕立て上げます。

そうすることで、「価値がない存在だから、両親から愛されないんだ」と、矛盾を無理やり心理的に解消しようとします。

そして同じように、「人から大切にされていない」と感じる状況に直面すると、**〈私なんて……〉という口ぐせで、不快感から抜け出し、心の殻に閉じこもることで安心しようとするのです。**

ですが、不快感のスパイラルが消えたわけではないので、ずっとつらい気持ちを抱えたまま、人生のあらゆるところで悩むことになってしまいます。

でも反対に、**言葉に影響されやすいのであれば、ポジティブなスパイラルに入る口ぐせの効果も絶大だということを忘れないでください。**

詳しくは第2章以降でお伝えしますが、口ぐせをガラリと変えることで、あなたの性格も人生も好転していくのです。

アンタはウチの子
じゃない
愛されるはずなのに
愛されてない
ガミ
ガミ
結果
私なんて！
矛盾を消すために
自己否定感を自ら生み出す！

自己卑下も劣等感も口ぐせから生まれる

朝、鏡を見たときに、容姿や服装を含めて「私、イケてないな……」と思ったことはありますか？

「自分の顔が一番イケてる！」なんて思わないでしょうが、それでもどこかしら気に入っている部分があるものです。

しかし、この**〈イケてない〉**を口ぐせにしてしまうと、外に出るのがおっくうになって、人に会うのが嫌になります。

なぜなら、**〈イケてない〉**という暗示のせいで一瞬にして伏し目がちになり、鏡に映る自分も人の顔もまっすぐ見られなくなるため、ますます**〈イケてない〉**状態になってしまうからです。

表情筋すらかたくなって、うまく笑顔を作れなくなります。

こうして**〈イケてない〉**と自分を卑下してしまえば、表情も暗くなり、ダメダメな状態を作り出してしまうのに、なぜそんな口ぐせを使ってしまうのでしょうか？

「あえて自分を卑下する」という心理的理由の一つに、不快な思いの〝予行演習〟があります。

たとえば、身につけている物などを卑下する言葉を使うと、他人から見られて「そのアクセサリー、変じゃない？」と指摘されて自分が不快に思うまでの流れを、頭の中で自動的にイメージさせるのです。

前もって脳が想像していれば、なにかおかしいと指摘されても、予想通りとしてストレスが少なくなります。

もう一つは、**自分のダメさ加減を無理やり自分に認識させることで、自分の立場を正確に測ろうとする狙いがあります。**

容姿、身なりで例を挙げれば、似合っていない洋服を自慢げに着る、いわゆる「イタい人」は自分の立場を正確に理解できていない人です。

そうならないためにも、自己卑下をして、「自分に一番フィットする立場（このケースでは洋服）はどこだろう？」と探るプロセスなのです。

自分の立場を正確に知って、その立場なりの振る舞いをすることで、周りから馬鹿にされたり卑下されたりすることを避けられるのです。

でも、ショックを和《やわ》らげるため、立場を知るためのいずれにしろ**〈イケてない〉**という自己卑下の言葉を使い続ければ暗示によって、「イケてない自分が、本当の自分」となってしまいます。

人から褒められたところで「本来の自分はイケてなくて、今回はたまたまうまく見えただけ」という感情がますます高まってしまいます。

普段はうまく演じていても、化けの皮がはがれたら「イケてない人」だ、という感覚が口ぐせを使うことで定着します。自分で思い込んだ「イケてない自分」像がみんなにばれないように、演じたり着飾ったりするのです。

そして、演じれば演じるほど隠している「イケてない自分」の存在が大きくな

ってしまって、

「このイケてない自分がばれちゃったらどうしよう！」

とさらに本来の自分とは違う自分を演じることになり、どんどん本来の自分は世間様には見せてはいけない存在になってしまいます。

〈イケてない〉という言葉一つで、自分の中に人には見られたくないダークサイドを作り出し、それを**〈イケてない〉と言って隠せば隠すほど、そのダークサイドが本来の自分であるかのように勘違いするようになってしまうんです。**

自己卑下の言葉って何気なく使っていますが、本当に怖いネガティブなスパイラルを生み出してしまうのです。

〈サイアク！〉という口ぐせも、自己卑下の言葉と同じ効果があります。

もちろん**〈サイアク！〉**を使うときは本当は心の底で「何とかこの苦しい状態から脱出しなければ！」と思っています。

でも**〈サイアク！〉**という自己卑下の言葉を使い続けていくと「それが本来の私」の状態になって「本当はサイアクの存在なんだ！」という具体的なイメージ

になってしまいます。

それを見破られないよう、本来の自分とは違う自分を演じることで〈**サイアク！**〉の自己卑下の状態はどんどん自分の中に定着してしまうんです。

〈**イケてない**〉や〈**サイアク！**〉を避けるための口ぐせなのに、使えば使うほど、それが定着して自分がどんどん低い存在になっていきます。

そうなんです、自己卑下や劣等感はすべて口ぐせから始まってしまうんです。

〈くっそ〜！〉は力も出るが、不快感も増す

嫌なことがあったときに〈くっそ〜！〉とか〈ムカつく！〉なんていう言葉が、つい口をついて出てしまいます。

これには、実は理由があります。

最近の研究では、汚い言葉を使ったほうが、使わなかったときよりも力が出る、というのです。

イギリスにあるキール大学のリチャード・スティーブンズ博士は、汚い言葉遣いと身体機能の関係について、2つの実験を行いました。

まず、29人について、短い時間でエアロバイクを集中的に漕がせる無酸素運動をさせました。そのとき、口汚い言葉を使うグループと使わないグループで分け、発揮される力を計測したのです。

次に、同じようにグループ分けをして、52人の握力を計測しました。

その結果、いずれの実験でも言葉遣いを汚くさせたほうが、大きな力を発揮できることがわかったのです。

私は、同じことが心理面でも言えると考えています。

私たちは、嫌なことがあったら、そこから抜け出す力をひねり出すために〈くっそ〜！〉と言っているのです。

だから、決して悪いことではないのです。


けれども、〈くっそ〜！〉という口ぐせを使いすぎると、**嫌なことから抜け出す力を発揮できる人がいる一方で、さらに不快な気分にどっぷりつかってしまう人もいます。**

私の場合は、嫌なことがあったときは抜け出せなくなってしまい、どんどん怒りや不快感に飲み込まれてしまいます。

〈くっそ〜！〉と言えば、トイレに閉じ込められているような感覚になり、そこから抜け出したくても抜け出せないように思ってしまうことさえあります。

口ぐせというのは自動的に出てきてしまうので、こうした場合は困ったものです。

ある人の場合は、嫌なことがあったときに**〈面倒だ！〉**という口ぐせが出てしまいます。

その人は、**〈面倒だ！〉**という口ぐせが出てしまうと、嫌なことに適切に対処することができなくなってしまうというのです。

嫌なことから助け出してくれるのが、口ぐせの役割のはずですが、逆にそこから抜け出せなくなって不快感にまみれてしまうのです。

ネガティブワードが、別のネガティブワードを呼ぶ

矛盾や不快感を解消するための口ぐせは、さらに別のネガティブな口ぐせを呼び寄せてしまいます。ここでは、**〈やっぱり〉**と**〈わかっています〉**の言葉に支配されてしまったケースをご紹介したいと思います。

ある女性は「対人関係で緊張してしまう」という心理的な傾向から、学生時代から友達と仲良くなっても「私の言葉で相手を傷つけたかも……」と家に帰ってから一人反省会を始めてしまいます。**「みんなから嫌われちゃうかも……」と、クラス全員から嫌われる想像がぐるぐると頭の中で駆けめぐります。**

そして、実際はどうであるかは別として、翌日に学校で友達の態度が冷たいと感じると、**〈やっぱり〉**と思ってしまいます。

この**〈やっぱり〉**という言葉が出る背景には「思ったとおり最悪な状況になっ

た」という心理的プロセスが隠れています。

〈やっぱり〉を口にすることで、「最悪な状況は想定内だ」と自分を納得させられます。**「いきなり最悪な状況が起きちゃった！」というパニックにならずに済むのです。そして、「自分がすべて予測できるから、自分は凄いんだ」という気持ちが芽生えます。**

それだけなら自己肯定感につながるのでいいのですが、困ったことにそれだけでは終わらなくなります。

ネガティブな気持ちから出た口ぐせのせいで「自分は凄いんだ！」という感覚になり、**「失敗から学ぶ」という経験を避けるようになります。**「自分は凄いから、失敗しても問題ない。今のままでいいんだ」と、現実から目を背けて殻に閉じこもるのです。

結果として、同じ失敗を繰り返しては、**〈やっぱり〉**と口ぐせが出て、「自分の想定内だけれど、最悪な状況」がダラダラと続いてしまいます。

そして、「起こることは、いつも自分の想定内」という感覚を持ち続けていたこの女性は、社会人になって上司から注意されると〈**わかっています**〉という口ぐせが出るようになってしまいました。

会社でトラブルが起こっても、想定内だから〈**わかっています**〉。解決方法を教えてもらっても、想定内だから〈**わかっています**〉……。

結局、社会人になっても一人反省会をして、ありとあらゆることで自分に対してダメ出しをしています。

「ちゃんと丁寧に書類を書かないから、同僚から馬鹿にされるんだ！」

「机の上がちゃんと片付いていないから、仕事ができないと見下されるんだ」

などとぐるぐる考えてしまいます。**「凄いはずの自分が、失敗し馬鹿にされるのがおかしい」という心理にすり替えてしまうのです。**

その矛盾した心理を、一時的にでも解消するための最終形が〈**わかっていますが、できないんです**〉という口ぐせです。

こうなると、人の話が素直に心まで届かなくなってしまいます。

上司から注意をされたとき、普通ならそこで自分の仕事のやり方を改めるものです。しかし、彼女のような状態では**〈わかっています〉**と言ってしまい、「わかっているんだったらやれよ！」とさらに叱られてしまうようになります。
ネガティブな口ぐせのスパイラルに入ると、「私はわかっているけどできない、ということを、なんで上司は理解できないのかな？」と今度は無茶苦茶な理屈を生み出して、上司のことを見下してしまうのです。

〈わかっています〉の言葉の裏には、独特の快感が隠れています。
〈わかっています〉という言葉を使うことで、「理解できない相手は、自分よりも劣っている」と、相手を見下して優越感を味わう心理的効果があるのです。
しかし、**〈わかっています〉**を常に使うようになると、**〈やっぱり〉**という口ぐせ以上に失敗からの学習をしなくなります。
〈わかっています〉と言えば言うほど、**自分がわかっているはずの簡単なことができなくなり、「変われない自分」がだらだらと続いていくことになってしまいます。**
このような悪循環によって多くのネガティブな口ぐせは作られていき、自分の心の中で固まっていってしまうのです。

〈普通は〜〉は怒りをためるトリガー

「普通は、いい年になったら結婚するでしょ？」

「基本は、初対面の人とは仲良くするものじゃない？」

「世間では、フリーランスに厳しいよ」


ちょっとした雑談の中で、ついこんなことを言っていませんか？

ですが、こうした言葉、特に文頭に付くものにも恐ろしいリスクが潜んでいます。


〈普通は〜〉〈基本は〜〉〈世間では〜〉という口ぐせは、一見、周りの人に合せているようでいて、**実はその関係を壊して自分を孤立させる方向に持っていってしまう可能性があるのです。**

〈普通は〜〉と言う場合、「自分は一般の人と同じ感覚でモノを言っている」ということになります。

でも、**この〝普通〟という前提は、あなたの頭の中での〝普通〟であって全国共通の〝普通〟ではないことが多いのです。**

人との会話でこれが口ぐせになっていると「この人、自分の価値観を押し付けるウザい人」という感じになって「思い込みが激しくて独りよがりの人」という印象を周囲に植え付けていくことになります。

〈基本は〜〉〈世間では〜〉の二つの言葉も同じように、「いったい、どこの誰が基準だって⁉」という印象を抱かせます。

本人としては、「みんなで仲良くいきましょうよ！」というつもりで使っていても、「足並みを乱しているのはあなたでしょ！」と言われて、後ろを振り返ったら誰もついて来ていない、という状態になっていたりする。

そんな人は実に多いのです。

また、口には出さずに頭の中で、**〈普通は〜〉〈基本は〜〉〈世間では〜〉**を口ぐせで使ってしまう人は「周りの人が間違っている！」という〝怒り〟で満ちてしまいがちです。

「自分はちゃんとルールを守っているのに、なぜあの人はちゃんと守らないのだろう？」と怒ってしまうのです。

自分は努力をして「普通」に合わせているから、それをしない人たちに怒りが湧いてきます。

でも、それを相手に伝えたら「うざいな」と思われ嫌われるとわかっているから言わないわけです。

どんどん自分の中に口ぐせがたまっていき、まるでとりつかれたかのように頭の中をいっぱいにしてしまいます。

すると自分の頭の中で、「普通じゃない人」「基本に忠実じゃない人」「世間の常識を守らない人」などを許せなくなっていき、気持ちが怒りに満ちてしまいます。

けれども、**その怒りは相手にぶつけられないので、どこにも発散されずどんどん**

蓄積されていき、ますますルールを守らない「普通じゃない人」に目をつけるようになって、怒りのハリネズミ状態になってしまいます。

すると「あの人って、いつも笑顔なんだけど怖い〜！」と、だれも近づかなくなって孤立していきます。

みんなと同じになるための自分の中のルールが、かえって人を自分から遠ざけてしまっているのです。

人間関係で敵を生む口ぐせたち

〈普通は〜〉〈基本は〜〉〈世間では〜〉と同じように、人間関係で〝敵〟をつくってしまう言葉があります。

それは**〈そもそも〜〉**です。

〈そもそも〜〉は〝最初〟とか〝起こり〟という意味なのですが、これを口にするとき、自分の中のモノサシを基準にした意見を伝えることになります。

そうなると、相手に「価値観を押し付けられている！」と受け取られて、これが会話の先頭につくだけで徐々に話を聞いてもらえなくなってしまいます。

〈だから〜〉というのも、相手の話に対して否定的に使う場面だと危険です。

「その話のそもそもの原因は……」という思考が伝わってしまい、やはり相手の意見を否定したうえに、自分の意見を押し付けることになります。

意見をないがしろにされた相手は「なにこの人！　むかつくんですけど!?」となってしまいます。

相手を否定する意図がなくても、口ぐせで**〈だから〜〉**と使うだけで「否定された」と受け取られて「この人は敵だ！」と認識されてしまうのです。

〈そんなこと〉というのも、知らず知らずのうちに使ってしまう口ぐせです。

「そんなこと、知ってるよ」

「そんなこと、まだ調べてるの？」

こういった使い方をされた相手は、「自分のことを軽く見られてる！」とか「なめられている！」などと受け取ってしまいます。

たった五文字の中にも、相手を否定する気持ちが込められてしまうのです。

〈意味はない〉も、相手を否定する心理が隠れた口ぐせの一つです。相手の意見を聞いたあと、自分の気持ちを伝えようと謙遜して、

「そんなに深い意味はないんですけど」

と言ってしまっていませんか？

これは、遠回しながら相手を敵に回している言い方です。

自分の意見を伝える場合、自分の中で**〈意味はない〉**ことを言うなんてありえません。**なにかしらの意図が込められて、言葉は発せられます。**

「深い意味はないけど」と言われながら否定されると、相手は「意味がないことはないよね！」と感じとり、「自分のことを軽く見られている」「馬鹿にされている」という感覚を覚えてしまうのです。

ストレートに否定する意図では使っていなくても、使われた相手の心にイヤな気持ちが芽生えてしまうでしょう。

〈なんで〉や**〈どうして〉**なども、質問をするときに使う一般的な言葉です。

ですが、これらの言葉が口ぐせになってしまっている人は「矛盾を許さない！」という風に相手をとことん追及してしまいます。

「なんで、洗い物が流し台にたまっているの？」

「どうして、指示した作業にすぐ取りかかれないの？」

あなたは相手の行動を疑問に思って素直に出した言葉かもしれませんが、これも自分のモノサシを基準にした発言になってしまいます。

「私のやり方に問題があるっていうの⁉」となりかねません。

〈なんで〉を口ぐせにしてしまっている人は、客観的に考えた相手の行動の矛盾ではなく、相手の行動が自分の基準に合致していないことが許せないのです。

結局、質問という形をとりながら自分の価値観を押し付けてしまい、質問された相手からは「この人、イヤ‼」と突き放されてしまいます。

こうして周囲に敵を作る口ぐせをもっている人は、人前で「私は自信がないんです」と謙虚に振る舞っていても気をつける必要があります。

あなたが謙遜のつもりで出した言葉によってどんどん敵が増えていくので、「なんでこんなに下手に出ているのに、話を聞いてもらえなかったり、攻撃されちゃうんだろう？」と心の中のモヤモヤが大きくなってしまうのです。

相手が話を聞いてくれて味方になってくれる言葉とは、自分の価値基準を相手に押し付けないで、自分から相手の話を聞いて、相手のことを柔軟に受け入れられるような言葉になります。

〈そんなことがあるんだ！〉

〈そうなんだ！〉

というのは、相手の話の中に新たなる発見を見出したときの言葉です。

あなたも、自分に興味がある話や、勉強になったなと強く思ったとき、自然とこれらの言葉が出ているはずです。

この口ぐせを使っていると「本当に相手の話に価値があるかも！」と自分の価値基準を超えて、話を心の底から受け止めるようになります。

すると、相手もちゃんとこちらの話に耳を傾けてくれるようになるのです。

〝人まね〟で自覚できる、口ぐせのリスク

固まってしまった口ぐせは、自分の一部になってしまっているので、その恐ろしさを自覚できないことがほとんどです。そのため、「あ！　いつもの口ぐせが出ちゃっている！」という感覚を持ちにくいもの。

周りの人に「私の口ぐせって何？」と聞ければ素直に教えてくれることでしょうが、恥ずかしくて家族にも聞けない人が多いことでしょう。

ここが今回のポイント。

この「恥ずかしくて聞けない」とか「怖くて聞けない」というのには、心のカラクリが潜んでいます。

口ぐせは、自分を守ってくれる〝鎧《よろい》〟のような役割も果たしています。その〝鎧〟の下に貧弱で弱い自分を隠している感覚がある人にとって、他人に口ぐせを知られることは、自分の弱さを暴露して無防備になる不安を感じてしまうのです。

だから、人に「私の口ぐせってなに？」とは尋ねにくい。

結果として、自分が意識的に自分の〝口ぐせ〟の危うさに気づきにくくなっていきます。


そこで試していただきたいのが〝誰かの口ぐせのまね〟です。

たとえば、先ほどの例に挙げた〈**わかっています**〉という口ぐせを意識的に試してみます。**仕事で「あれをやらなきゃ！」と思ったときに〈わかっています〉とわざと心の中で唱えてみましょう。**

すると自分がちょっと偉くなった気分になり、いつものみじめさや寂しさから解放された感覚になったりすることがあります。

自宅でもパートナーから「テーブルの上を散らかさないでよ」と言われたら、〈**わかっています**〉と言うことで、相手と対等な立場になります。

「これが口ぐせの暗示力か！」と実感できることでしょう。

さらに、〈**わかっています**〉と言ってしまうと「やらなきゃ！」と思っていたことが実行できなくなります。

「ゴミを出さなきゃいけないのはわかっている！」と言うと、ゴミ出しがものすごくハードルが高くなり簡単なことなのにできなくなるのです。**「わかっているから、あとでいいや」という心理プロセスが働くからです。**

そうして**〈わかっています〉**を連発していると、ちょっと偉くなった感覚に浸れる半面、床に落ちたゴミを拾うのすら後回しになり、部屋が少しずつ汚くなります。

あなたも試しに、周りにいる人の口ぐせをまねてみてください。それまでの自分ではありえなかったような考え方や気分を味わうことができます。

ただし、この〝誰かの口ぐせのまね〟には中毒性があります。**まるで自分が別人になったかのような錯覚に陥るせいです。**

ですが、試しているのは悪い口ぐせだということを忘れないでください。「試してみたら止められなくなってしまった！」ということも考えられますので、あまり熱心にこの実験はなされないように。

ある女性の同僚の一人に、**〈うまく〜できない〉**とよく口にする人がいたそうです。

いったい何を言っているのか不思議に思った女性は、その口ぐせをまねしてみました。

たとえば、会議の前に同僚が「うまく発言できない」と言えば、一緒になって「うまく発言できないよね」と言います。すると、確かに体が小さい箱に閉じ込められたような感覚になり、息苦しさが襲ってきたといいます。でも、小さい殻に閉じ込められている自分が「かわいくて、かわいそう」という妙な快感があったそうです。

「小さな私は、大人の中で発言ができない。だから、助けてもらえる」と、まるで幼児に戻ったような感覚になった、とも話してくれました。

この**〈うまく〜できない〉**という口ぐせは「甘え」の心理を表現しています。

仕事でもなんでも「こんなに大変なんだから、誰かかわいそうな私を助けてよ!」という気分になれます。

これは一時的な甘えとは異なり、どんどん心の中で「甘え」を固定化させていってしまいます。

口ぐせを連発しながら人に甘えると、「甘えていいんだ！」と強く思い込んでしまい、「この口ぐせ、止められないかも！」と危ない状態に陥ってしまいます。

口ぐせを唱えれば狭くて息苦しいのに、人に甘えられる快感も同時に得られるという中毒症状のようなものが出るのです。

本当に大事なのは、口ぐせの危なさに気づいて、自分の中にある口ぐせをリセットしていくことです。

さらに人生をポジティブにしていく口ぐせへと上書きしていく。

そうすることで、ネガティブな口ぐせのスパイラルから抜け出せるのです。

そこを間違えないように十分に気をつけてください。

ポジティブな口ぐせを唱えるときの「あえて」のルール

「口ぐせを変えればいいんだ？　だったら、ポジティブな言葉をたくさん使えばいいんだ！」と思いますよね。

〈がんばる！〉
〈いいね！〉
〈期待して！〉

これまであまり使ってこなかった言葉をどんどん使っていけば……と思われるかもしれません。

でも、実際にこれらの言葉を口ぐせにしてみると「ポジティブな気持ちが空回りしちゃって、ちっともよくならない」という事態になります。

そのことに気づかずに使い続けると、とんでもないことになってしまうことさえあるのです。

項目の最初に挙げた、いわゆる「ポジティブワード」のデメリットは、一歩間違えると、無責任になってしまうことです。

〈がんばる！〉という言葉は、まだ実際に行動につながっていないときに言う言葉です。つまり、口先だけで、ちっともやる気には直結しません。

〈いいね！〉という言葉は、気軽に使いやすいせいで、意外と自分の心にも相手の心にも響かないことが多い言葉です。

〈期待して！〉も**〈がんばる！〉**と似ていて、「その場しのぎで言っているだけ」という感覚に陥ってしまって、具体的な行動に直結しなくなってしまうことがあります。

さらには、**基本的にネガティブな口ぐせばかり言っていた人が、ポジティブな口ぐせを急に使い始めると「これって自分と違う！」と、無意識に拒否反応を示してしまいます。**

快感とは異なる、「まるで自分じゃないみたい」というゾワゾワした感覚が自分の中で広がってしまいます。

すると、あらゆることが他人事のように感じられてしまいます。自分が発した言葉に責任を持ちにくくなってしまうのです。

次第に、「どうせ適当だし！」という無責任さにつながり、口だけは達者で行動はものすごくいい加減、という状態になります。

ですから、これまでネガティブワードを使い過ぎだった人が、ポジティブワードを口ぐせにしていくときに注意点があります。

それは、「あえて、ポジティブワードを使っているんだ」という自覚を持つことです。

ネガティブワードが口ぐせになっている人の多くは、まじめな人です。

なぜなら、責任感が強く、適当なことが言えない気質で、まったくわかりもしない未来まで先回りして考えてしまうからです。無責任な発言なんて、できっこありません。

そんな人が急にポジティブワードを頻繁に使いだすと、無意識のうちに「適当な人」になっていってしまいます。

まじめな性格はもちろん、その人の大きな魅力です。

でも、そのせいでストレスを抱えがちなことともまた確かなこと。

ですから、「気疲れしたから、今夜は〝あえて〟適当に過ごそう」といった、**自覚的に、かつ期間限定で、口ぐせを変えていくところから始めてください。**

そうすれば、「無責任で、いい加減な人」になることなく、自然と前向きになっていくことでしょう。

ネガティブな口ぐせを発見するクエスチョン

口ぐせは長年、自分を守ってきた〝鎧〟です。

だから、いつの間にか自分の一部となっていて、それを自力で外すのも困難だし、心の中では本当は外すこと自体怖い。

そんな感覚を持ち続ける限り、人は積極的に自分の口ぐせを見つけようとはしません。

でも、先ほど紹介したように、人の口ぐせを試しているうちに「口ぐせによって、自分の人生は縛られていたのかも」と気づくこともできます。

つまり、〝鎧〟を外す覚悟が生まれやすくなります。

そして、もっと大切な「言葉によって、生き方は大きく変わる」というポジティブな面にも目が向くのです。

ここで、自分の口ぐせを見つけ出す、とっておきの〝自問〟を教えましょう。

Q. どんなときに後ろ向きになってしまうのだろう？

この質問に対して「仕事のやり方？　人間関係？　それとも家庭のこと？」……そんな風に突き詰めていくと、意外にも「あ！　物を捨てることに後ろ向きだった！」と気が付くかもしれません。

その瞬間に**〈もったいない〉**といつも言ってしまっている自分がイメージできます。思い返せば実際に口に出していることもわかります。**〈もったいない〉**という口ぐせのせいで、片付けに対しておっくうになり、手をつけることができなくなっていたのです。

その口ぐせをリセットするためには、片付けてみようかなと物を手に取ったときに**〈もったいない〉**ではなく、**〈よくやった！〉**を口にしてみましょう。

そうすると「これまでよく頑張って私を支えてくれたね！」と、十分に使い切った上で、感謝をする気持ちで捨てることができます。

片付けるものを持ったときに**〈よくやった！〉**と言うのをくせにしてみたら、そのものに対する執着から解放されて捨てられるようになります。

そして、気の進まなかった片付けがすいすい進みます。

〈よくやった！〉を使ってみると、必要なものには**〈よくやっている〉**という感覚に自動的に気持ちが切り替わって、むやみに捨てることはなくなります。

無駄なものが一つもなくなってきれいになった部屋は、自分にとって必要なものだけになり輝きます。

口ぐせをリセットするだけで、こんなに前向きに変わるんだと感動できることでしょう。

後ろ向きになっているのは口ぐせのせい。

それをリセットした瞬間から、あなたの意識は前向きになって、自由に楽しく生活ができるようになるのです。

Column

1 ネガティブな口ぐせの中毒性から離れられない……

以前働いていた職場に〈**難しい**〉とばかり言うA男という同僚がいました。

口ぐせの暗示力を薄々感じていた私は、A男がどんな風景を見ていたのかを確かめたくて〈**難しい**〉と頭の中で唱えてみました。

すると、目の前に灰色の壁がドンと立ちふさがっている感覚になり、何も考えられなくなったのです。

そのまま「これは難しいな！」とA男の口ぐせをまねしてみたら、さらに頭が混乱した状態になり、それまで次々と浮かんできていたアイディアが一切浮かばなくなりました。

しかし、この**〈難しい〉**という口ぐせにも、ある種の快感があったことはとても興味深かったことです。

目の前に灰色の壁が立ちふさがって、頭が混乱して何も考えられないような感覚になっているのに、心の中で「俺はすごいことを考えている！」という気持ちになれるのです。

苦しい状況から抜け出すアイディアを考えつかないのに、「自分はものすごい問題に果敢に立ち向かっている」という快感です。

そうわかったときはじめて、「A男はこんな感覚だったから、あんなに偉そうな態度をとっていたんだ！」と、彼の状況を理解できました。

B子さんは旦那さんとの関係をよくしたいのに**〈それが無理なんです！〉**が口ぐせでした。

「夫婦関係が冷めたままで全然変わらない！」

そう嘆くばかりで状況は前進しません。

近所の人から、「旦那さんの話から、まず聞いてあげたら？」とアドバイスをされても、

「それが無理なんです！　うちの旦那は自分から仕事の話なんかしないから！」と嘆くばかり。

〈それが無理なんです！〉という言葉が、すべてのアドバイスを跳ね返してしまい、夫との関係は変わらないまま。

この口ぐせにどんな快感があるんだろう、と疑問に思った私はある実験をしてみることにしました。

B子さんとのカウンセリングを想像しながら、**〈それが無理なんです！〉**と口ぐせをまねてみます。

すると「スーッ！」と重い物から解放される快感がそこにあったのです。**〈それが無理なんです！〉**と言った瞬間から、「何とかしなきゃ！」という重荷から解放されて「あきらめたら楽かも？」という錯覚に陥りました。

さらに自分の仕事のことを考えながら**〈それが無理なんです!〉**と言ってみると、「無理だから、いい加減でいいや!」と思えて仕事に身が入らなくなってしまいました。

これは、責任や義務から解放される錯覚を心が起こす口ぐせだったのです。

そう気づいた私は、カウンセリングを進める中で、家族関係を中心に尋ねることにしました。

すると、B子さんは両親から自分の学費やきょうだいの世話など、色々な義務を負わされて、夫からは問題行動ばかり起こす子どもの面倒を一切任されていることがわかりました。

「重荷を負わされてきたから、この口ぐせになったんだな」と、私はようやく理解できたのです。

第2章

ビクビク・オドオドしなくなる

「気弱な自分」をリセット!

リセット! 1

不幸は自分の心から生まれてくる

悪い例『いつもこうなるの!』

Reset!

『私らしくいよう!』

「いつも私はこうなるの!」

カウンセリングに来たある女性は嫌なことがあるたびに、こんな言葉を口にしていました。

賢く、仕事もバリバリこなす彼女は、30歳にもなろうとするとき、急に体が動かなくなってしまい、働けない状態になってしまったと悩んでいました。

彼女の話を聞くうちに、生い立ちと、そこから生まれた口ぐせが分かってきました。

そして、**彼女は、自分の生い立ちを話すとき、必ずと言っていいほど「いつもこうなんです！」と悲しい顔をして話すのです。**

幼い頃から賢かった彼女は、毎日酒浸りの父親にかわり、母親が働いていたといいます。「迷惑を掛けられない」と思った彼女は進学を断念。

社会に出て働き始めたものの、今度は母親が彼女の給料を浪費していたことが発覚。

誰も信用できずに仕事に打ち込んでいたら、今度は上司との関係をこじらせて体調を崩し、彼女の心は燃え尽きて動けなくなってしまいました。

動けなくなった女性を友人が心配して声を掛けに来てくれるのですが、彼女は友人との関係が親密になると必ず相手を不快にさせるようなことを言って相手を傷つけるくせがあり、相手との関係を壊してしまっている状態でした。

実は、**〈いつもこうなるの！〉**という口ぐせを使うと、状況が好転しそうになると、必ず誰かに足を引っ張られたり、さらには自分でそれをぶち壊してしまったりする、という結果になるのです。

〈いつもこうなるの！〉という口ぐせは、「いつも同じ失敗を繰り返しちゃう！」という暗示を自分にかけてしまうのです。

「ほら！　本当にそうなったでしょ！」という不幸な現実を受け止めるために、口ぐせを利用しています。

嫌なことがあったから、**〈いつもこうなるの！〉**と言うわけではなく、**〈いつもこうなるの！〉**と言うから嫌なことが自然と起こってしまうのです。

口ぐせには「気持ちが楽になる」「不安などから解放される」という隠された意図があります。

そこで、まず「この口ぐせを使うことで、自分にどんなメリットがあるの？」と考えてみます。

〈いつもこうなるの！〉と言うことは、目の前の不幸を他人や運命のせいにして自分の責任から逃れているのです。

そして、「こんなにいつも大変な目にあっているのに、頑張って耐えている私って偉いでしょ！」という周囲へのメッセージが隠されているのです。

不幸に耐えて認められればいいのですが、そうでない場合、「もっと苦しいことに耐えなければ愛されない」という心理が働き始めてしまいます。

そうなると、自らつらい環境にどんどん足を踏み入れてしまう泥沼状態になってしまいます。

そんな苦しい状況を抜け出すために口ぐせを、**〈私らしくいよう〉**に変えてみましょう。

人に振り回されていると思ったら、不安になったら、**〈私らしくいよう〉**と実際に言葉にするもよし、心の中で唱えるもよし。

この言葉を繰り返していくと、自然と不快なことから思考が離れていきます。

「自分らしく生きていたほうが愛されるんだ！」というこれまでにない意識が心の中に満ちてくるのです。

冒頭に紹介した女性も**〈私らしくいよう〉**と口ぐせを変えたことで、自分が本当はやりたくなかったことを「いたしません！」と、はっきりと伝えることができるようになりました。

母親が「お父さんのお酒代を貸してちょうだい！」と電話をしてきても、「いたしません！」と言えるようになったのです。

不幸を招く口ぐせを変えるだけで、人の不幸に巻き込まれなくなり、自分のしたいことに集中できます。

そして、自分が幸せになっていくことで、やがて周りの人たちもどんどん幸せになっていくのです。

リセット！

2

余裕がチャンスを引き寄せる

悪い例『これだけしかない！』

Reset!

『こんなにある！』

これは笑い話なのですが、私が生まれた頃は家が貧乏だったので、食べ物を目の前にするとがつがつ食べていました。

弟とはかなり年が離れているので、弟は苦労知らずで、食事のときの口ぐせが**〈こんなにある！〉**でおかずがなかなか減りません。

一方の私の口ぐせは**〈これだけしかない！〉**でした。

ある時、弟と二人でラーメン店に入ったら、私は**〈これだけしかない！〉**と運ばれてきたラーメンを見て思ってしまいました。そして、あっという間に食べてしまって空腹が満たされない虚《むな》しい気分になりました。

ですが、弟の器を見たら**〈こんなにある！〉**と麺がいつの間にか増えていました（ゆっくり食べていたせいで、麺がのびただけでしたが）。

しかし、それを見て私は「うらやましい〜！」と思ってしまったのです。

〈これだけしかない！〉と**〈こんなにある！〉**という二つの言葉。

このどちらを使うかで、人生も大きく変化していきます。

〈これだけしかない！〉が口ぐせになってしまうと、**モノでもお金でもなんでも「足りない！」と感じ、いつもあせっていてチャンスを逃し、貧乏くさいみじめな気分でいます。**

その一方で**〈こんなにある！〉**というのが口ぐせになると、どうでしょうか。

あせりがなくなり、いつもゆったりと構えることができ、余裕からか人間関係に

も恵まれ不思議なチャンスがたくさん舞い込みます。

同じ家庭で育った私たち二人も、口ぐせが違うだけで一方はこんなに心が貧しく、そしてもう一方は心が豊かになっていました。

〈これだけしかない！〉という口ぐせを使う人は「貧乏な時代（家）に育ったからしょうがない！」と思っていて「人とは違う環境で育ったんだから変えようがないんだ！」と思ってしまいます。

いつも**〈これだけしかない！〉**とみじめな気持ちで、豊かな人のことをうらやんで指をくわえてみている人生になります。

「お金持ちの家はずるい。うらやましぃ」とずっと思ってしまいます。

そんな人は**預金通帳を見たときでもいいので、〈こんなにある！〉と唱えてください。**

すると「確かに先に使うことをごちゃごちゃ考えなかったら、こんなにたくさん残っている、って思えるな」と、いつもの「お金がない！」とあせる感覚や「何であのときに無駄遣いをしたんだろう！」という後悔が湧いてこなくなります。

余裕が生まれて、チャンスがめぐってくるようにもなります。

これまで「なんとか貧乏にならないように頑張らなきゃ！」と思いながらも空回りしていたのが、何もしないでもうまく回り出すのです。

「これまでの自分の人生はなんだったんだ！」とちょっと悔しくなりますが、それはひとえに口ぐせのせい。

〈こんなにある！〉と口ぐせを変えてみると、「これからどんな楽しみが待っているかな？」とワクワクしてきます。

すると、これまでやりたくてもできなかったことに挑戦できるようになり、それが一つひとつ形になっていき、やがて自分が子どもの頃から夢に描いていた姿を実現するまでになります。

私も、そうした経験をした一人ですから、あなたにもぜひ人生を口ぐせで変えていってほしいです。

リセット！
3
困った性格を〈意外と〉でほぐす

悪い例『自分は怒りっぽい』

「私って、怒りっぽくて困ってるんです」

そう悩んでカウンセリングにいらっしゃる方は大勢います。怒りやすいと周囲と摩擦を起こしやすいので、「喜怒哀楽」のなかでも一番やっかいな感情の一つと言えるでしょう。

しかし、実は、その性格もあなた自身の言葉で作られたものかもしれないのです。

「怒りっぽいのは性格だから」というのが暗示になっている場合があるのです。

たとえば、私のもとへいらっしゃったご夫婦がいます。

聞けば、奥様がご主人の怒りっぽい性格を心配してのことだそう。

年齢を重ねてきたので血圧などの健康に害がないか不安になってのことでした。

ご主人も渋々ついてきたのか、いかにも不機嫌そうな顔をしています。

「私は、元来怒りっぽい性格なんだから、先生に何を言われても変わりませんよ」

ご主人は、カウンセリングをはじめてから、ずっとそうした**〈自分は怒りっぽい〉**という言葉を繰り返していました。

そこで私は、その**〈自分は怒りっぽい〉**という口ぐせを**〈意外と冷静だよね〉**と自分で言ってもらえるように、カウンセリングの中で彼の心に暗示をかけていきました。

そして、何回かカウンセリングをしたころに奥様から電話がかかってきました。

「最近、主人が怒らなくなったんです！」

ただ口ぐせを変えただけなのに、と奥様は驚くばかりでした。

先ほどのご主人の言葉にもありましたが、**〈変わりません〉**が口ぐせになっている人も多いです。

ある男性は**〈変わりません〉**が口ぐせで、「何をやっても、うつ症状は変わらないんです」と言ってしまいます。

彼の表情をみると、確かに表情を作る筋肉がこわばり、全く動いていませんでした。

私は**〈変わりません〉**のかわりに自分を褒める効果がある**〈結構いい感じ〉**という口ぐせを男性に試してもらいました。

すると、男性は周囲から「最近、何かいいことあった？」と聞かれるくらい、表情だけでなく雰囲気が柔らかくなりました。以前の口ぐせが、彼自身のイメージを硬くしてしまっていたのです。

カウンセリングの最後に、「口ぐせを変えてみて、実際はどうでしたか？」と質問をしてみると、男性は親指を立てて**〈結構いい感じ〉**と満面の笑みで答えてくれました。

リセット！

4

ミスは謝るより先に「私のせい」

悪い例『ごめんなさい』

Reset!

『自分のミスです』

よく言われる口ぐせのひとつに、〈**ごめんなさい**〉があります。

特に日本人はつい言ってしまうようで、海外の人から見たら不思議に見えるそうですね。私もついつい言ってしまいます。

しかし、この〈**ごめんなさい**〉という口ぐせを持っている人は、「自分はみんなと合わせられない」という感覚を抱きがちです。

「普通の人と同じになりたい」という同調欲求から、仲間に入れてもらおうとする努力の象徴が、実は〈ごめんなさい〉という言葉なのです。

いったいどういうことなのでしょうか？

この言葉の裏には、「合わせられない私でも、受け入れてください」というメッセージが隠れているのです。

〈ごめんなさい〉は、周囲に許しを乞《こ》う言葉です。

仕事で自分がミスをしたり、相手を傷つけてしまったりすれば、たしかに使って当然の言葉です。

しかし、これが口ぐせになっている人は、**そもそも「自分の存在を許してほしい」ということを無意識のうちに感じて使っています。**

「私はみんなと違うけど……仲間に入れて」ということなのです。

もし、**〈ごめんなさい〉**が口ぐせになっていると思う人は、今の自分の状況を冷静に考えてみてください。もしかしたら、どこかしらで疎外感《そがいかん》を抱いている場面が思い当たるかもしれません。

ですが、もし**〈ごめんなさい〉**でコミュニティに溶け込めたとしても、結局は自己卑下をしているに過ぎません。徐々に自分の心が荒《すさ》んでいきます。

さらに**〈ごめんなさい〉**の口ぐせで「私は普通じゃありません！」というメッセージを周りにまき散らすことになるので、周りの人からは対等に扱ってもらえなくなります。

そうすると、さらにみじめな気持ちになってしまうのです。

でも、**みじめな気持ちになればなるほど「自分は周りの人たちとは違うんだ！」という意識が強くなるから、ますます「必死に努力をして、みんなの仲間に入れてもらわなければいけないんだ！」という心理になり、〈ごめんなさい〉が口から出てきてしまうのです。**

そこで**〈ごめんなさい〉**と言いたくなった瞬間、少し踏みとどまって、**〈私のミスです〉**という言葉を思い浮かべてください。

というのも、**〈ごめんなさい〉**という言葉は、「自分が普通じゃないから、受け入れられない」という原因のすり替えに使われる言葉でもあるからです。

たとえば、仕事でミスをしたとき、**〈ごめんなさい〉**とすぐに言ってしまうことは、「普通じゃないから、ミスをした」という意識から出ているのです。これでは、ミスの本当の原因がわからず、周囲からは「ひたすら謝る人」に見えるでしょう。

こんなときに**〈私のミスです〉**と言うとどうでしょうか？　文字通り、**周囲には自分の責任だとハッキリさせて、自ら原因を探ろうとします。**

原因をすり替えているときよりも具体的に行動ができ、結果として周囲に受け入れてもらいやすくなります。

私がアメリカに留学していた際、バレーボールチームに入っていました。

そこで、私は**〈ごめんなさい〉**を連発してしまい、チーム内は「やたらと謝るだけの奴がきた」と、ギクシャクした雰囲気になってしまいました。

よく聞くと、他のメンバーはミスをしたとき「Ｍｙ　Ｂａｄ！（僕のミスだ！）」とミスを素直に認める言葉を使っていたのです。

私もまねをして、その言葉を使ってみたところ、徐々に同じミスは減り、反対にチームメイトともハイタッチすることが増えました。

〈ごめんなさい〉というのは、見方を変えれば、ハンディキャップがあることを装って「普通じゃないから見捨てないで仲間にしてほしい」という甘えた願望を周りに押し付けているのです。

その言葉を使い続けている限り、厳しい言い方をすれば、一生周囲になじめないでしょう。

その代わりに、悪いと思ったら**〈私のミスです〉**とはっきり伝え、何が悪かったのかを立ち止まって考えてみましょう。多くの場合、「私が普通じゃないから」ではなく、案外と単純なことが原因だったりするものです。

そうして、「普通でない自分」を受け入れてほしい、という卑屈な願望を小さくしていきましょう。

リセット！ 5

「自分ボメ」で、自己否定感から抜け出す

悪い例『自分はダメだ……』

Reset!

『自分はよくやっている！』

自己否定感や自己嫌悪、自己卑下というものは非常に厄介で、良い結果を生むケースは非常にまれです。

ここでは、**〈ごめんなさい〉**と同じように、どんどん自分をみじめにして自己嫌悪に陥ってしまう言葉を改善していきましょう。

〈自分はダメだ……〉

〈なんで、いつもこうなるんだろう？〉

〈いつも私ばっかり……〉

などが代表的ですが、こうしたネガティブワードを使っている限り、他人から受け入れられることが遠のくばかり。

自分が自分のことを嫌いなのに、他人には「自分を受け入れてもらおう！」なんていうのはおかしな話でしょう。

料理を作って「まずい！」と思ったのに「職場の人に食べてもらおう！」とお弁当に入れていくようなものです。

ただし、こんなにも簡単に口ぐせで自分のことを嫌いになれてしまうなら、その反対も同じ。

口ぐせを変えるだけで、いくらでも自分のことを好きになれるのです。

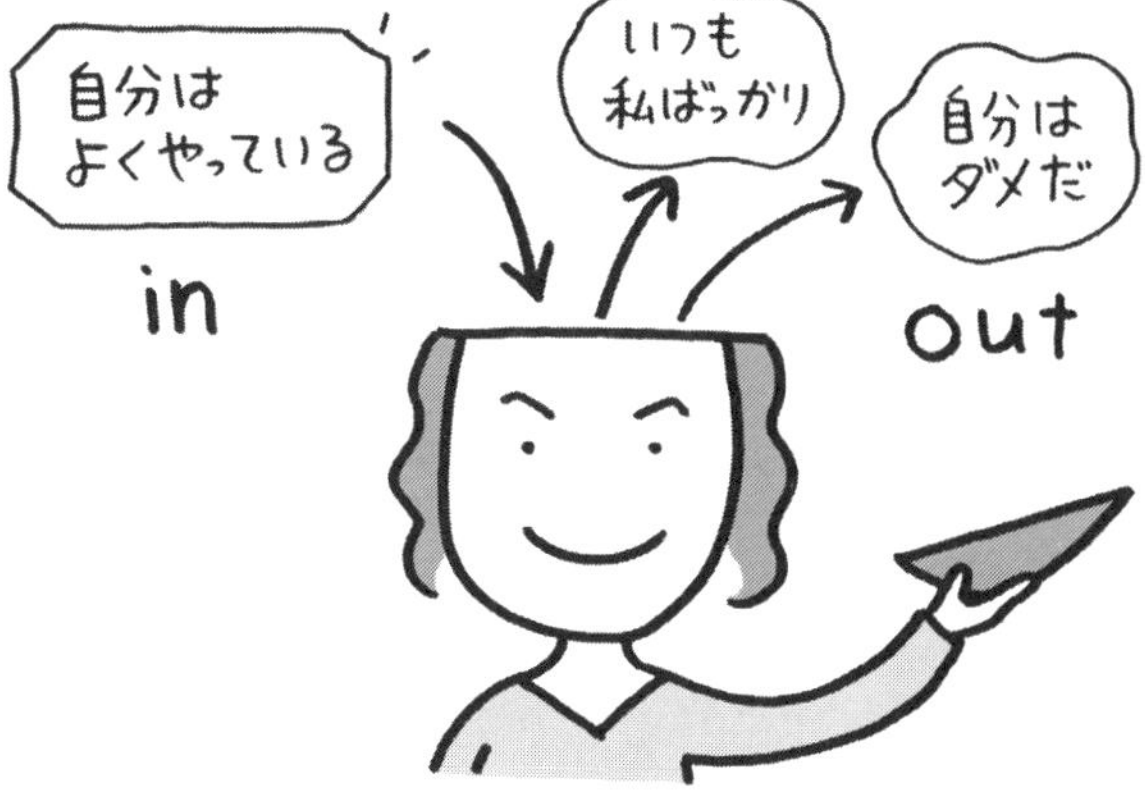
自分は
よくやっている
いつも
私ばっかり
自分は
ダメだ
in
out

ネガティブワードを頭から追い出そう！

たとえば、**〈自分はよくやっている！〉**と唱えてみてください。

この本を読んでいるあなたも、今すぐにでもやってみてください。

恥ずかしければ頭の中でも構いません。

「疲れたな～！」と思うときでも**〈自分はよくやっている！〉**と頭の中でつぶやいてみると、「あれ？　結構自分のことを本当は好きなのかも！」と思えるようになってくるのです。

そして**〈自分はよくやっている！〉**と口ぐせを変えていくと、人と接するときもオドオドしなくなって、みんなと対等に話ができ、受け入れられている感覚を持てて面白くなってきます。

口ぐせを変えて「自分がちょっと好き！」となってみると「あれもやらなきゃ！」「これもやらなきゃ！」と思いながら手を付けられなかったこともスイスイ手を付けられるようになります。

そうして**〈自分はよくやっている！〉**と自然に口ぐせが出てくるようになるのです。

リセット！ 6

「わかったつもり」をやめれば未来を選べる

悪い例 『くっそ〜！』『ムカつく！』『面倒だ！』

〈くっそ〜！〉
〈ムカつく！〉
〈面倒だ！〉

嫌なことがあったときに出るこれらの言葉には、実はある共通点があります。

それは「嫌なことが起きる理由を、わかったつもりでいる」ということ。

たとえば、わかったつもりになっている人は、仕事で注意をされたら、「私をおとしいれるためだ」と思い込み、相手に確認しようとしません。

同様に、自分が挑戦したことがうまくいかずに「ムカつく！」と言ってしまうと、「うまくいくはずだったのに！」と思い込みます。

人の気持ちも努力の結果も、わかっているものの、現実は思い通りになっていないから愚痴が口ぐせになっているのです。

でも、よく考えてみてください。

人の気持ちなんて思い通りに変えられないし、未来の結果だって神さまではないのですからわかりません。

そう考えてみると、本来わかるはずもないのにわかった気になっていることばかりではありませんか？　**わかった気でいることで自分から嫌な気分を生み出していたり、悪態をつきたくなったりするのです。**

この負のスパイラルから抜け出すには、ある口ぐせが有効です。

〈知らない〉

この言葉を使えば、悪態を口ぐせにすることから抜け出せていけます。**人は知らないことに対しては、心理的に何の感情も持てず、評価も下せません。**

提出した企画書を上司に「却下」と無下に言われたら〈ムカつく！〉という口ぐせが出そうになりますよね。

そんな瞬間に、〈**知らない**〉と置き換えてみましょう。この場合、「本当にダメな企画なのか知らない」と言ってしまうのです。

ダメかどうか知らないわけですから、「あの企画書、また違うときに使えばいいか」と思えてくるのです。

これがいつも通り、却下した上司に〈**ムカつく！**〉と心の中で言ってみると、「企画の内容もちっとも理解しないで却下しやがって！」と怒りがふつふつと湧き、その怒りから抜けられなくなります。

また、愚痴や悪態を〈**知らない**〉に置き換えてみると、上司に対するイメージも変わっていきます。**「あの人がどんな気持ちで言っているか知らない」となり、フラットな視点で発言を捉えることができます。**

他人の気持ちに対して、思い込みから生まれた意識を向けずに済むのです。

そして、この企画書が成功する可能性も「知らない」から、「いつかは使えるかもしれない」という希望に変わるのです。


これは、恋愛でも同じです。恋人が、約束をしていた時間ギリギリになって「上司と飲み会に行かなきゃいけなくて……」とメールを送ってきたとします。

そのときにいつもだったら「くっそ〜！」と思ってしまいますよね。

つい怒りの返信メールを出してしまって、ものすごく険悪なムードを引きずってしまう、なんてことも。

そこでも、**〈知らない〉**という口ぐせに変えれば、**「あの人が私を馬鹿にしてるとか嫌がってるかなんて、私は知らない」という感覚が自分の中に芽生え、怒りを抑えられるのです。**

そうすれば、「別にスケジュールなんていくらでも変えられるね」と思えます。

〈知らない〉という口ぐせで、未来のことが自由に選択できるようになります。

そして、あなたは不快な気分から自由に抜け出せるようになるのです。

リセット！

7 嫌なことは〈わからない〉まま振り返る

悪い例 『こわいなぁ……』

Reset!

『わからない』

〈こわいなぁ……〉という口ぐせも、人を嫌な気分にしてしまう言葉です。

そうした人は、怯えることで危険から身を守ろうとしているのです。

しかし、その気持ちが強すぎると、1日中ずっと嫌な気持ちに支配されてしまいます。

こうした場合、実はいい方法があるのです。

ある女性は、次のようなことを私に訴えてきました。

ある日カフェで、知り合いのママ友グループたちが、女性から少し離れた席でお茶を飲んでいました。

そのうちの一人が、「あのうちのお母さんって、ちょっと変わっているよね」と、その場にいない人を話題に出しました。

耳をそばだててなんとか聞き取ってみると、自分にも覚えのあることばかり。

「あれ？　もしかして私のこと？」と思ってしまい「いやだなぁ…こわいなぁ……」という気持ちに支配されてしまった、とその人は言いました。

家に帰って夫に話しても「君のことじゃないんじゃないの？」と相手にしてくれません。

結果として、**自分一人が孤立していて、四面楚歌《しめんそか》のような感覚になってしまったのです。**

そこで私は、彼女に、

「**〈こわいなぁ……〉**と思い浮かんだ場面に、**〈わからない〉**を付け加えて、その日の出来事を振り返ってみてください」

と提案してみました。

みんなが話をしている場面を思い浮かべて「私かも？」と思ったときに**〈わからない〉**にしてみる。

たとえば、「私のことを話しているかも？　でも、わからないな」でいいのです。

すると、自分のことかどうかわからなくなります。**あちらのグループの話題と自分を切り離して客観的に考えられるようになるのです。**

そうすれば「本当に私のことを言ってたの？」と疑問に思えてきます。

このように、**〈わからない〉**で1日を振り返るだけで、その日起こった嫌な出来事の捉え方はびっくりするほど変わります。

リセット！
8

あせる時ほど、ポジティブワードを頭出し

悪い例 『ヤバい！』

会話のやりとりをネガティブワードでスタートしてしまうと、その後の言葉、さらには行動まで不安やあせりに支配されてしまうことがあります。
たとえば、〈**ヤバい！**〉という口ぐせも、よく出がちですよね。
最近は、感動したときでも使うものになりましたが、多くの場合、思わぬミスやあせっているときが多いのではないでしょうか。

そして、ピンチのときに出てくる〈ヤバい！〉は、状況を良くすることなど一切なく、どんどん自分を追い詰めるだけの言葉になってしまいます。

ある男性は、会話をしているときに「ヤバい！　俺、それ知らなかった！」と言いがちだ、と私に話してくれました。

話を聞くと、友達が知っていることを自分は知らず、「後で調べなきゃ話題についていけなくなる！」という気持ちから、彼は**〈ヤバい！〉**という口ぐせを使っていました。

しかし、**〈ヤバい！〉**と言うわりには、意外と調べものをしていないと言います。

なぜか彼は誰に言われても、**〈ヤバい！〉**と思ったことを改善するような行動に出られなくなってしまっていたのです。

同僚から「前も『この資料のこと、調べなきゃ』って言ってたけど、全然やってないじゃん」と指摘されても、「そっか！　ヤバいな……」と言いつつ、調べる気にならないのです。

またあるときは、「ヤバい！　早く寝なきゃ！」と思っても、ＳＮＳをチェッ

ヤバい！
調べなきゃ！
ヤバい！
仕事が
ヤバい！
トイレに…

〈ヤバい！〉はあせりを高めるだけ！

クするのが止まりません。

そうなると、自分を追いつめるスパイラルが止まりません。

通勤電車の中で「ヤバい！　昨日やらなきゃいけなかった仕事やってなかったかも！」「ヤバい！　トイレに行きたくなってきたかも」……という具合に、どんどん追いつめられていくのです。

〈ヤバい！〉という口ぐせは、あせりを助長する心理を高めます。

結局、**使えば使う分だけ、事態はヤバいことになってしまうのです。**

ヤバい出来事のドミノ倒しを防ぐに

は、**〈ヤバい！〉**を、**〈なるほど〉**に変えてみることです。**〈なるほど〉**という口ぐせは、あなたのあせりを消して、余裕をつくってくれます。

先ほどの例でも、同僚からの指摘を思い出して**〈なるほど〉**に変えてみます。するとと「自分でちゃんと調べなきゃ！」と思っていてできなかったことでも、「なるほど、できないなら教えてもらえばいいか」と素直に思えます。

〈なるほど〉は相手の心理に同調することで、余裕を生むのです。

同じように、夜寝るときも、「ヤバい！　もう寝なきゃ！」が、「なるほど。もう寝なきゃ！」になります。通勤電車の中でも、「なるほど。ちゃんと仕事やってあるじゃん！」「なるほど。トイレは行ってあるな」……という風に連鎖していきます。

多少、言葉のつながりがおかしくても大丈夫。**〈なるほど〉**がポジティブな暗示をかけてくれることが大切なのです。

〈ヤバい！〉という言葉を使うと、**次に続く言葉が不安やあせりに支配された言葉になってしまいます。**

最初に〈**なるほど**〉とつけてしまえば、自動的に次の言葉はポジティブなモノしか続けられなくなります。

似たようなケースで、〈**どうしたらいいのかわからない**〉があります。

ある女性は、電化製品を「いいな〜!」と思って買ってきても、説明書を読んだ瞬間に頭がゴチャゴチャになってきて〈**どうしたらいいのかわからない**〉と投げ出したくなってしまうと話していました。

結局、パートナーに使い方を教えてもらうのですが、自分で覚えようとしなくなり、せっかく買ってきたのに使いこなすことができず、無駄にしてしまいます。

仕事でも〈**どうしたらいいのかわからない**〉と口ぐせが出てしまうと、**頭が真っ白な状態のまま適当にやってしまって、後になって問題になります。**

「あのとき、ちゃんと考えてからやればよかったのに」と自分でも思うのですが「どうしたらいいのかわからない」と言ってしまうと、それどころではなくなり、投げ出したくなってしまうのです。

このケースでも、**〈どうしたらいいのかわからない〉**から**〈とりあえず〉**に変えてみます。

使っていない電化製品を見て「とりあえず、使ってみるか!」と言ってみる。

仕事でも**「とりあえず、できることからやってみよう!」**と言ってみる。

すると、「もう使えなくてムダ!」と思っていたものが、不思議と恋人から教えてもらった使い方を思い出したり、仕事も次のステップがちゃんと見えてきます。

最初に出てくる言葉をポジティブにすればするほど、あなたの行動もポジティブなものへと変わっていくのです。

リセット！ 9

「イケそうだったのに」で、自己肯定感を育てる

悪い例 『どうせ私は〜』

Reset!

『意外と私は〜』

あなたも街中で、こんなことを思ったことはありませんか？

「今すれ違った人、私よりダサいなぁ。やっぱりこのバッグにして正解！」

「あの先輩より、俺のほうが多少仕事はできるんじゃないかな？」

自分と誰かを比べて、どちらが上か下かを決める——人間の心はこうした〝優越の錯覚〟という特徴を持っています。

〝優越の錯覚〟とは、「自分のほうが、人よりもちょっと優秀」という感覚を持つことです。

これは何も悪いことではなく、誰しもが持っている特性です。

ただし、〝優越の錯覚〟を持てない、または少ない人もいます。「自分は人よりも劣っている」という感覚に満たされている人、とも言えます。

そうした人たちは自分に対して、**〈どうせ私は〜〉**と考えてしまいます。

ある部分が平均的な人よりも劣っていて、それが原因で自分は蔑《さげす》まれたり、下に見られてしまう、という自己否定感を抱くことで**〈どうせ私は〜〉**という気持ちになり、やがて言葉として外へ出てきます。

〈どうせ私は〜〉という口ぐせが出てしまうのは、「この劣っている部分のせいで人生がうまくいかない」というように、うまくいかないこと全てを一部分のせいにしてしまいます。

そうすれば、現実にはうまくいかない原因が他にあったとしても、劣っている部分ひとつのせいにしてしまえば、他の原因から目をそらすことができます。

つまり、**「ダメなところのせいにしたほうが楽じゃん！」と、心がクセを持って**

しまっている状態なのです。

ですが、結局は、本当の原因と向き合うことなく、間違いを学習できないまま、いつまでたっても「うまくいかない！」を繰り返してしまいます。

〈どうせ私は〜〉という口ぐせが、うまくいくためにやらなければならない脳の学習プロセスを妨害してしまっているのです。

また、**〈どうせ私は〜〉**を人前で言うことで、実は大変なことになります。

この言葉を人前で使う意図は、「私は人より劣っているから責めないで！」という自己防衛です。

同情を買って「自分を卑下しなくても大丈夫」と言ってもらい、できないことを免除してもらう心理が働いています。

けれども、**〈どうせ私は〜〉**と聞いた相手は「この人は自分より弱い」と本能的に認識し、「大変よね」と言いながら、頭の中で自分よりも下のランクに位置づけようとします。

そうした相手からの〝攻撃〟が頭の中に伝わってくると、なんだかものすごくみじめな気持ちになってしまうのです。
そして、ますます「私なんて……」と言ってしまい、どんどん疲弊していってしまいます。
意欲を削がれた「ダメ人間」になると、さらに人からの攻撃の対象にされて獲物状態になってしまうのです。
そこで**〈どうせ私は～〉**を**〈意外と私は～〉**に変えてみましょう。
口ぐせを**〈どうせ私は～〉**が現実になってしまうのです。
口ぐせを**〈意外と私は～〉**に変えると、脳の中で〝弱者〟を演じられなくなります。

「どうせ私はダメなんです」を「意外と私はダメなんです」に変えてみる。

〈どうせ私は～〉は「初めからダメ」というイメージが付きまといますが、**〈意外と私は～〉**にしただけで**「イケそうだったのに」と言葉がつながっていきます。**

この「イケそうだったのに」が重要です。

〈意外と私は～〉にしてしまえば、頭の中でハンディキャップのせいにすることがなくなるので、脳の学習能力が再び働き始めます。

そして、**「意外と私はできるのかも」が現実になっていき、自己肯定感が高まっ**

ていくのです。

これは人間関係にも大きく影響を及ぼします。

たとえば人前でも、「どうせ人と話すの苦手だし……」を「意外と人と話すのが苦手なんです」に変えてみる。

すると脳内に、「そもそも自分はできていたのに」というイメージが湧きます。

先ほどと同じように、自分を弱者にすることがなくなる一方で、相手を強者にすることもなくなります。

つまり**相手と平等という意識が生まれるのです。**

〈意外と私は〜〉が、「自分の能力は未知数」という答えに導いてくれるので、「他人よりも劣っている」という自己否定が起きなくなります。

結果として、「あれ？　あの人から攻撃されなくなった」という状態になります。

だから**〈意外と私は〜〉**を使うだけで、人と一緒にいても疲れなくなり、精神的にボロボロになってみじめな気持ちで**〈どうせ私は〜〉**という口ぐせを出す必要がまったくなくなっていくのです。

リセット！ 10

「人に好かれる言葉」を集める

悪い例
『普通は～』『基本は～』『世間では～』

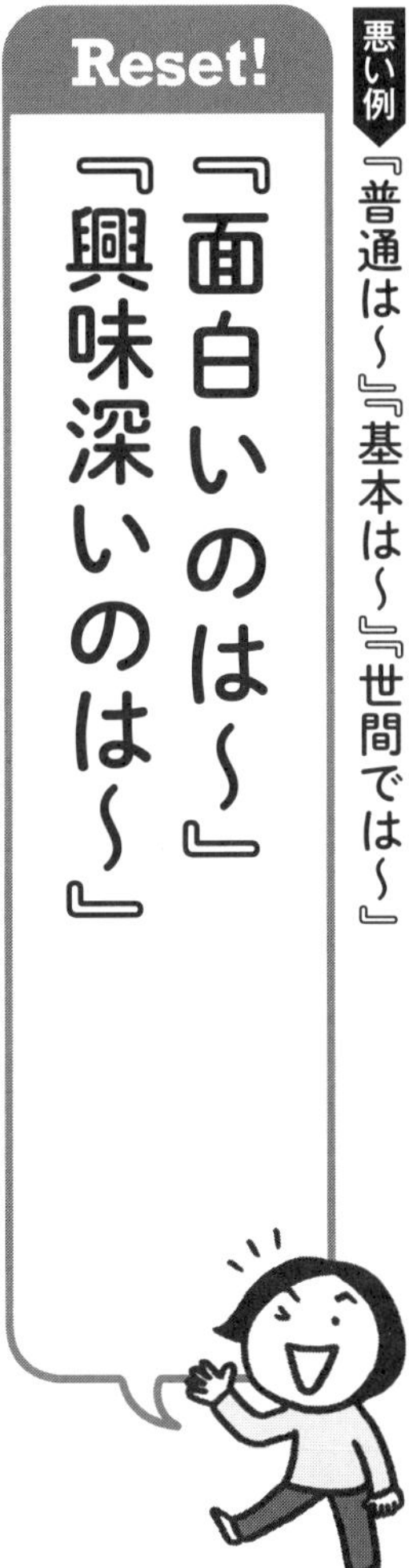

「みんなと同じ〝普通の人〟になれば好かれる」

そう思って、第1章でお伝えしたように、〈普通は～〉〈基本は～〉〈世間では～〉という口ぐせを使っていると、「周りを見たらだれもいなかった！」ということになります。

「普通は、私が言っていることを理解してくれるだろう！」という思い込みのせいで、「誰もいない！」という状態を生んでしまうのです。

ですが、「普通は理解するだろ！」と言ってしまうと「相手が普通じゃない！」と責めるばかりで、自分自身を変化させようとはしません。

人から好かれない現実は、この簡単な口ぐせひとつでより強固なものになってしまうのです。

その口ぐせを**〈面白いのは〜〉〈興味深いのは〜〉**や**〈不思議なのは〜〉**に変えてしまうと、「あれ？　相手が自分の話をちゃんと聞いてくれるようになった！」という現象が起きます。

〈普通は〜〉〈基本は〜〉〈世間では〜〉と言うと嫌な顔になっていた相手が、**〈面白いのは〜〉〈興味深いのは〜〉〈不思議なのは〜〉**と言い換えただけで、嫌な顔をしないで真剣に聞いてくれます。その上、話の内容にもちゃんと興味を持ってくれるようになります。

そうすれば、「ちゃんと私の話を聞いてくれてる！」という喜びを感じられるようになるのです。

それは、自分のモノサシで相手の意見を考えなくなるため、相手も同じ反応を示して、内容についてより話を聞いてくれるようになるからです。

〈普通は〜〉〈基本は〜〉〈世間では〜〉という言葉が口ぐせになっている人たちは、自分で作った身勝手なモノサシに頭の中が支配されています。

口ぐせにしばられずに、孤立しないようにするには、それをほどいてやる必要があります。

そうして、相手の意見を聞いているうちに「私の考え方って、思い込みだったのかも……」と、自分の思考がどんどん柔軟になっていくのを感じていくことでしょう。

すると、いつのまにか自分の周りには人が集まりだし、そして、自分の意見を求めてくれるように大きく変化していくのです。

Column

2

2つの口ぐせで「自分嫌い」が止まらなくなってしまった

C子さんの口ぐせは〈**自分を嫌いになりそう……**〉でした。

仕事で失敗したとき、恋人とケンカしたとき、友人の誘いを断れないとき……知らず知らずのうちに、その言葉を使っているせいで「自分を嫌いになるのが止まらない！」という状態になっていました。

そこで、自分を好きになる口ぐせに変えてもらうことにしました。

そこで〈**イケてるかも！**〉という口ぐせを使ってもらうと、なんだかいつもよりちゃんと鏡を見るようになった、と話してくれました。以前は自分の顔を見るのが嫌だったから、鏡なんてちょっとしか見なかったそうです。

さらには、〈**イケてるかも！**〉という口ぐせを使っていたら「オシャレをしたくなってきた！」と変わります。

それまで、自分自身にお金をかけてこなかったな、と気づいて素敵な靴やベルトを買ってみると**〈イケてるかも！〉**と鏡を見るのが楽しくなってきます。

そうして鏡の中の楽しそうな自分を見ていたら、**〈もったいない！〉**が自分を嫌いになる口ぐせの一つだったんだ、ということに自分で気がついたそうです。

「こんな自分にお金をかけるのなんてもったいない！」

そう思って、お金をかけずに野暮ったい服ばかり着ていたせいか、周りから「ダサい人」と思われていたそうです。

実は、この人は2つのネガティブな口ぐせによって、自分を不当におとしめていたのです。

〈イケてるかも！〉という口ぐせに変えたら、C子さんはだんだんオシャレなお店に入るのもおっくうではなくなり、店員さんも親切丁寧に接してくれるようになったと話してくれました。

そうして、さらに自分が磨かれていき、そんな自分がもっと好きになっていきました。

そのまま〈**イケてるかも！**〉と唱え続けていたら、不安に感じていた恋人との関係もドキドキするようになって、「相手も私のことをちゃんと愛してくれているんだ」と実感できるようになったのです。

最後のカウンセリングの日には、「口ぐせ一つ変えただけで、こんなに自分も恋人のことも好きになれてしまいました！」と、元気よく部屋を出ていきました。


自分を嫌いになる口ぐせを使っている自覚は本当に持ちにくいもの。

ですが、自分を好きになる口ぐせを少し使ってみるだけでも、これまでいかに自分で自分を無理やりにでも嫌いになろうとしていたかが表面に出てきます。

〈イケてるかも！〉という口ぐせで「自分を好きになってみよう！」という人は、何でもないときでも唱えてみてください。

するとと自然に「あれ？　新しい仕事が舞い込んできた！」「憧れの人と楽しく話せている」という状況が生まれてきます。

〈イケてるかも！〉という口ぐせを唱えていたら、これまで出会いたかったような素敵な人と出会えるようになります。

何もしなければ、どこに行っても不快な人しか寄ってこなくて**〈私ばっかり！〉**と思っていたとしましょう。

けれどもポジティブな口ぐせを使い続けていくうちに、「あ！　**〈私ばっかり！〉**という言葉のせいで『私ばかりいつも不幸な目にあうから嫌い』ってなっていたんだ」ということがわかってくることでしょう。

さらに言えば、**〈イケてるかも！〉**という口ぐせで自分のことが好きになってくると、チャンスがどんどんめぐってくるようになります。

自分を好きになればなるほどチャンスがめぐってきて、そして自分に必要な人が寄ってくるのです。
自分を嫌いになりそうなときは、ふとしたときにでも〈イケてるかも！〉と口にする。
そうして自分のことを好きになってみると、人生がもっと面白くなっていくのです

第3章

なんでも楽しくなってしまう「だるい気持ち」をリセット！

リセット！ 11

1日のやる気は「朝食後の一言」で変わる

悪い例 『面倒だ』

Reset!

『たいしたことない』

「朝からすっきり過ごせれば……」

「どんな仕事だって、ニコニコしてこなせればいいのに」

誰だって、暗くどんよりとした1日を送りたくありません。

ですが、なぜか朝から疲れていたり、イライラしっぱなし、ということはありませんか？

その解決法をご紹介する前に、まず、私のもとへ相談に訪れてくれたある男性の1日を少しご紹介しましょう。

男性は、朝起きて**〈面倒だ〉**と思ったら、身体がだるくなります。身支度をととのえて、朝食を食べた後に「はあ……」とひとつため息。「今日も面倒だ」となかなか契約をしてくれない顧客とのアポが気にかかります。

ギュウギュウの満員電車に乗ればイライラした人の感覚を敏感に感じとってしまって、**〈面倒だ〉**という気持ちがますます強くなります。難しい顧客とのアポが迫るにつれて**〈面倒だ〉**という気持ちが強くなって仕事に集中できなくなります。

そして、実際に会うと不快な気分が高まり、ダメダメな気分を引きずったまま会社に戻ります。

会社に戻れば仕事は山積み。「なんで自分がこんなことをしなきゃならないんだ」と、またちょっとしたイライラが募ります。

ですが、相手が上司なら「やりたくない」なんて口が裂けても言えません。

何もかも自分の中でぐっと飲み込んで、終わりの見えない仕事をいつまでも抱えて、仕事に集中できなくなっていく――。

この人は真面目な性格で普段から自信を持って「相手に嫌なことを嫌」と伝えられないと言います。

相手もそれに気づかず色々なことを頼んでくるので、断わったり、渋々対応したりすれば怒られてしまうのでは……と不安に思うそうです。

ここで、ひとつ大事なお話があります。

「どうしたら、自信を持てるんだろう？」なんて考えなくていいのです。

世の中にたくさんある「自信が身につく本」を読んで「よし！　頑張って自己主張をするぞ！」と思っても、しょせん付け焼刃。そのノウハウにしたがってやってみてもしっくりいくことは少ないでしょう。

そうなると、「やっぱり面倒な人は苦手！」と後戻り。

そして、**〈面倒だ〉**の口ぐせが手放せなくなるのです。

あなた自身は変わる必要はありません。十分に能力もあります。

変えるべきは、やはり「口ぐせ」なのです。

そこで私は、この男性に**〈面倒だ〉**という口ぐせから**〈たいしたことない〉**と大胆に変えてもらうよう、アドバイスしました。

すると、あんなに嫌だった毎日に大きな変化があったと話してくれました。

朝起きた瞬間、出そうになる**〈面倒だ〉**をこらえて、**〈たいしたことない〉**と口に出す。

そして、気になっている顧客のことが頭の中に思い浮かんできても**〈たいしたことない〉**としてしまいます。

なぜか気持ちが軽くなり、朝食がいつもより美味しく感じられました。電車に乗ってイライラした人を見ても**〈たいしたことない〉**と口の中で小さく言うと、不思議と以前のようなエネルギーを消耗する感じが少なくなりました。

そして、難しい顧客と会うときも**〈たいしたことない〉**と思って会うと、思ったほど嫌じゃない。いつもだったら、色々なことを言われると**〈面倒だ〉**と頭が混乱して相手の言うままを聞き入れてしまっていたのに、**〈たいしたことない〉と思って顧客に接していると、相手の話を整理して聞き取ることができました。**

するとあ、「ここからここまでが私ができる範囲です」と、顧客に冷静に的確な説明ができ、顧客もいつも以上に明確な説明を受けて、会話が弾んだそうです。

そして、お互いの条件を譲り合って契約にこぎつけられました。

その話を聞いた上司から「君、あの気難しい顧客に対してすごいね」と言われたとき、思わず「たいしたことないです！」と言っていて、笑ってしまったといいます。

朝の口ぐせを変える。

たったこれだけで、1日を過ごす気分も、さらには周りからの評価もガラリと変わるのです。

リセット！12

「だるさスパイラル」から30秒で抜け出す

悪い例『だるい』

Reset!

『癒される』

口ぐせで変わるのは気持ちや評価だけではありません。身体の疲労度も大きく影響を受けます。次は、そんなケースをご紹介しましょう。

ある女性は、朝起きたときに「寝ても疲れが取れていない」「ものすごく体がだるい」が口ぐせになっていました。

そして、1日中〈**だるい**〉と思いながら、何をするにもだるく感じ、全てを「やっとこなしている」という毎日。ちっとも気軽に過ごせません。

好きなことをやるときだけワクワクして、ちょっと元気になるのですが、それ以外のときは「もうずっと寝ていたい！」と思うぐらいだるくてつらい。

そして、こんなにだるくてつらいのに、ご主人は自分のつらさを理解してくれず「やって当然」という顔をして、家事を押し付けてくるといいます。

こんなにだるくてつらい中、一生懸命にやっても誰一人自分がやっていることを認めてくれたり、褒めてくれたりすることなんかない。

「誰もわかってくれない！」と思い不快なまま寝て起きてもやっぱりだるさが取れてず、1日が嫌で仕方がなくて「ずっと寝ていたい！」と思ってしまうのです。

彼女は、そんな「だるさスパイラル」に気持ちが陥っていたのです。

あまりのつらさに相談に訪れた彼女は、私から「朝の一言で変われる！」と言われて「え⁉ そんなことあるわけないのに！」と疑いの言葉を口にしました。

「だって先生、だるかったり、疲れが抜けないのは体調や体質のせいで自分の睡眠がちゃんと取れていないからでしょう？」

確かに最初はそう思うのも仕方のないこと。でも、だまされたと思って試してもらうことになりました。

今回は、**〈だるい〉**という口ぐせを**〈癒《いや》される〉**というものに変えてみることにしました。

彼女には、寝起きに**〈癒される〉**と不自然でも言ってもらうようにしました。

すると、**「あれ？　確かに寝て起きたら、昨日の嫌なことを引きずってないかも？」**と思えたと言います。

〈癒される〉と言ってしまうと「睡眠はちゃんと取れて体が回復しているかも！」と思えるようになってきました。

朝食と一緒にハーブティーを飲んでいるときも、いつもだったら「薄すぎたかな？」とか「こんなの飲んだって効果がないよね、きっと」と文句ばかり言っていたのを**〈癒される〉**と言ってみると、**気持ちのいい香りがすっと体の隅々までいきわたる感覚になり、体がリラックスして楽になりました。**

すると、つらかった家事もやるのがスムーズになります。

いつもだったら「だるいからといってダラダラやっちゃダメ」と自分にダメ出しをしていたと話していましたが、体がふわりと動いて、サクサク片づいていきます。

一息ついてソファーに座って〈**癒される**〉とつぶやいてみると、**再び全身の筋肉がほぐれていくみたいな感じになってほんの30秒座っただけで体力が回復してきます。**

結果として、これまでちっともなかった余裕が生まれ自分の時間が持てるようになったのです。

するとご主人の顔を見てもイライラせず、ご主人の笑顔を見て〈**癒される**〉と心の中でつぶやいてみると、これまでに感じたことがない愛しさを感じるようになったのです。

そんなことを感じながら布団に入ると〈**癒される**〉とつぶやいて、すとんと寝てしまいます。

筋肉がほぐれ、余裕が生まれる

それからというもの、「寝ていて途中で起きちゃったらどうしよう？」「ちゃんと疲れが取れなかったらどうしよう？」という不安は一切なくなりました。

「病は気から」という言葉は有名ですが、私が思うに**「病は言葉から」**です。

あなたの使う言葉が気持ちを左右し、気持ち次第で、身体の軽さ・重さまで影響が出てくるのです。

リセット！

13
コンプレックスには、「理想の姿」を唱え続ける

悪い例『太ってる』

Reset!

『やせていく』


「ダイエットをしているのに、ずっとやせない」

「仕事を頑張っているのに、全然結果が出ない」

周りから見ても、相応の努力をしているのに、思うように自分の目指すゴールにたどり着けない人は多いものです。

ですが、ゴールにたどり着けない理由も、実は口ぐせに潜んでいるのです。

あるご家庭の、小学生になるお子さんが小柄でやせ気味、全体的に弱々しい体つきをしていました。ご両親がいくら「食べたら大きくなるよ！」と言っても、「もうお腹がいっぱいだから食べられない」と小学生の一人前を食べきることができません。

「もっと食べなきゃダメだよ！」とお父さんが言っているのですが、「僕は小さいから食べられないよ」と言って口もつけない。

ご両親たっての願いもあり、その子と一緒に食事をしました。そのときに「肉を食べると背が高くなって〝かっこよく〟なれるよ！」と伝えました。

それからというもの、その子は一生懸命に食べ始めたと聞きました。

お子さんがいる人なら「何を当然のことを」と思われるかもしれませんが、**この現象は子どもに限ったことではないのです。**

人は口ぐせ次第で、遺伝さえも超えていけるのです。

さきほどのお子さんは、「かっこよくなる！」と言いながら、どんどん食べられて身長がみるみる伸びました。中学校に入っても「かっこよくなる！」を口ぐせにして、女の子からモテるように。

いつのまにか身長は父親を超えて、スタイルもどちらの家系にもいないような格好になっていったと言います。

このときに「遺伝的な影響がある体型でさえ、口ぐせで変われるんだ」と私は思いました。

外見まで変わるって、すごいですよね！

私は「太ってる」と悩んでいらっしゃる女性に対して、**〈太ってる〉**という口ぐせをやめて、**〈やせていく〉**を口ぐせにしてもらうようにしてもらったことがあります。

特に太いと悩んでいる下半身を気にするタイミングで、**〈やせていく〉**を口に出してもらうのです。

すると、**カウンセリングのたびに、まずは顔がシュッとして綺麗になっていきました。**本人は全く自覚がないのですが、確かに以前よりも人に声をかけられるようになっていたのです。

そうしたら、どんどん気持ちも上向きになっていって**〈やせていく〉**の口ぐせを色々なところで使うようになり、**気づいたら誰が見ても細い脚になっていました。**

もうそのときには、本人は全くそのことは気にするそぶりもなく、「もっとやせたい！」とポジティブになっていました。

〈太ってる〉という口ぐせが、実はいつの間にかコンプレックスを固定化してしまって、自分を変えるハードルになっていたのです。

ですが、口ぐせを変えることで、自分の持っていたセルフイメージを変え、結果として外見を磨く努力へと反映されていったのです。

リセット！

14 成長を妨げる言い訳ブレーキを外す

悪い例『自分は変われない』

Reset!

『自分は変われる』

口ぐせは、先ほどの体型のケースだけでなく、コンプレックスのあらゆるものを解決してくれる魔法の力を秘めています。

私も学生の頃に、試験の答案用紙を返されるたびにケアレスミスばかりで「またケアレスミスだよ！」とイラッとしていました。

どんなに自分で気をつけてもケアレスミスが減らない。

私は「なにか不注意の障碍《しょうがい》があるんじゃないか？」と思うぐらい、毎回同じことを繰り返していました。

「自分がしっかり見直さないから」

「ちゃんとやればできるはずなのに」

とずっと思っていたのです。

そんなあるとき、友達から「ケアレスミスって言い訳だろ！」と言われてショックを受けます。

当時、自分では「ケアレスミスのせいでテストの点が悪いから、ケアレスミスを出さないようにしなくちゃ！」と必死でした。

しかし、友達から「ケアレスミスは言い訳！」と痛い指摘をされて、その言葉を使うのを避けるようになりました。

ここで私は、どう言葉を変えたのか？

「見直すのが楽しい！」と変えてみたのです。

「ケアレスミスに気をつけなきゃ！」と思った瞬間に、「見直すのが楽しい！」「見直すのが好き！」とつぶやいたのです。

すると、面白いことが起きました。

試験のときに「見直すのが好き！」と口ぐせのように言うと、今まで気づけなかったようなミスに「あ、ここ間違ってる！」と気づけて、ちゃんと答えを直していけたのです。

「なんでここで読み違えるかな〜！」とまるで人の採点をしているかのように、自分の答案用紙にチェックを入れて直していたんです。

そのときのテストの点数は、これまで取ったことのないような高得点でした。

以来、友だちに見直してもらっていたレポートも、何度も自分の文章を見直して、そして、直していくのが楽しくなっていきました。

もし、「こうなりたい！」という理想像が自分の中にあるなら、「なりたい自分」になることを邪魔している口ぐせを見つけることが重要なポイントになります。

〈自分は変われない〉

という言葉が口ぐせだったら、一生なりたいようには絶対になれません。

その口ぐせが出そうになったら、**〈自分は変われる〉**と変えたあとに、なりたい自分を想像しましょう。

そして、**普段言ってしまっている口ぐせが、「理想の自分になることに、ブレーキをかけているのか？」を考えてみることです。**

その口ぐせは自分が「素敵に美しくなる！」のを止めているのか？

それとも「かっこよく仕事がデキる！」のを止めているのか？

「美しく！」でも「かっこよく！」でも、**〈自分は変われる〉**を使い始めると「いつのまにか、なりたい自分になってきているかも！」とびっくりするときがやってきます。

外見に限らず、**自分のマイナスな部分ばかりに目を向け、悪いセルフイメージばかりで自分を語っていませんか？**

もしそうなら、とてももったいないこと。

いますぐにでも、口ぐせを変えれば、自分が一気に変われる力を、あなたは持っているのです。

リセット!
15
納得を示すと、損な役がこなくなる

悪い例　『でも〜』『だって〜』

Reset!

『そうなんだ！』

子どもの頃から、私は両親や周りの人から「あんたはいつも言い訳ばっかりして！」と言われてきました。

何か注意されるたびに**〈でも〜〉〈だって〜〉〈だけど〜〉**と言って自分の非を認めようとはしませんでした。「自分は悪くない！」と思っているから、**〈でも〜〉〈だって〜〉〈だけど〜〉**と言うのですが、当然周りの人たちにいくらそれを説明しても理解してくれるわけがありません。

それどころか、実際に**〈でも〜〉〈だって〜〉**を常に使うようになって「ちっとも学習しないダメな子！」というイメージが出来上がってしまい「やっぱり言い訳ばかりしているからダメな子になった！」となってしまうのです。

私の場合「自分ばかり責められる！」という気持ちがあったから**〈でも〜〉〈だって〜〉**という言葉が出てきていました。

「みんなは同じことをやっても叱られたり、注意をされたりしないのに、なんで私は？」ということで**〈でも〜〉〈だって〜〉**となってしまうのです。

使っているそのときはわからなかったのですが**〈でも〜〉〈だって〜〉という口ぐせは私を不遇の人にしてしまい、そこから抜け出すことをできなくしてしまっていたのです。**

「周りの人たちが理解をしてくれないから、いつまでも才能や素晴らしい品位を開花できずにみじめな思いをしている」という心理を作り出す恐ろしい口ぐせでした。

〈でも〜〉〈だって〜〉と言って相手に「自分の素晴らしさをわかってよ！」というのが心理にあるのですが、それをすればするほど「理解されないから、私は不遇の人で周囲の人からダメ人間にされている」となっていき、**この口ぐせを使っていると才能なんて全く発揮することができません。**

常に人から馬鹿にされる立場になってしまって「口ばかり達者なダメ人間」としてしか生きることができませんでした。

「やっぱり、誰にもわかってもらえないんだ！」と悔しがっても何も変わることがなく、場所が変わっても幼い頃からずっと、立場は一緒だったのです。

あるとき「**この口ぐせって、自分を変えないようにしているだけだ！**」と気がついて**〈でも〜〉〈だって〜〉**を**〈そうなんだ！〉**という言葉に変えてみました。

上司から「なんで、俺が注意したことをちゃんと修正していないんだ！」と怒られたときに、以前だったら「でも、これがご指摘していただいた通りに修正した書類なんですけど」と言っていました。そのたびに「お前は言い訳ばかりで、ちっともわかっていない！」と怒鳴りつけられていました。

「損な役割をやめたい！」と思い「そうなんですね！　おっしゃる通りです！　修正しておきます！」と言って、ほぼ同じ書類を提出しても「ほら！　俺が言った通りにやればよくなるじゃないか！」という答えが返ってきます。

書類はほぼ修正なんてしていないのに、口ぐせを変えただけで「得したかも！」という感じになったのです。

「今までなんだったんだろう？」と悔しくなるぐらいでした。

また、同僚から意見を求められても、以前だったら「でも、やるべきことをやったほうがいいいんじゃない？」と答えてしまっていました。

すると、後になって同僚から「あんたの言っていたことは間違っていた！　やらないほうが正解だったのに！」と責められてしまいます。

私は、意見を求められたから答えただけなのに、おとしめられる形で「嘘つき！」呼ばわりをされてしまいます。

意見を求められても「わからない！」と正直に認めてしまえば、「嘘つき」にならないだけで、「ちゃんと客観的に物事を見て判断しているんだ！」と尊敬される

ようになりました。

以前は、自分を認めてもらうために一生懸命に相手のことを思って言ったことが**〈でも〉**という感じになっていました。

それが口ぐせを変えただけで簡単に変わってしまったのです。

私は「相手に自分の正しさや素晴らしさをわかってもらいたい！」となっていたから**〈でも〜〉〈だって〜〉**の口ぐせになっていて、**それを使えば使うほど「わかってもらえない！」という状態になって、周りの人から蔑まれてきました。**

その口ぐせを変えただけで、他の人の印象を気にして足を引っ張られる状態から簡単に抜け出して、自分自身の本来の生き方ができるようになり、周りの印象も以前とはガラッと変わっていったのです。

リセット！
12
「アメとアメ効果」で、理想の自分に近づく

悪い例
『ちくしょう！』

Reset!
『よくやっている』

　こうして自分の口ぐせを見直していくと、口ぐせとは、「なりたい自分」から今の自分をどんどん無意識のうちに遠ざけるものだったことがわかります。
「人から尊敬されたい！」と思っているのに**〈でも〜〉〈だって〜〉**を使うと馬鹿にされて卑下され、そして自分自身もどんどんダメ人間になってしまいます。

ある男性は、「健康的になりたい！」と思っていたのに、いつも体調を崩していました。

いつもストレスを溜め込み、それが山のように積み重なった結果、肝心なところで体調を崩してダウンしてしまうのです。

「他の人は同じ仕事でも元気なのに、自分は何がいけないのだろう？」とずっと悩んでいました。

そこで彼の行動を見直すと、仕事を終えて家に帰ってくると「今日もよく頑張ったなぁ」と言った後に〈ちくしょう！〉という言葉が出てきがちになっていた、とわかりました。

頑張ったと思う一方で、「なんで、もっとうまく仕事ができなかったんだ！」という反省点が思い浮かんでしまい、自分に対して〈ちくしょう！〉とつぶやいてしまうのだそうです。

こうしたケースで多いのは、思い出した不快感を打ち消すために、テレビやインターネットの動画をダラダラと見続けてしまうことです。

少しならいいのですが、口ぐせになってしまっていると、不快感を打ち消すための行動自体が長引きがちになります。結果、睡眠不足を招くリスクがあります。

〈ちくしょう！〉と言って自分の行動を反省すれば、明日の仕事が良くなる。

そんなことは絶対にありません。

それどころか、**重箱の隅をつつくように、その日あった悔しい記憶をわざわざ掘り起こして、それを処理するでもなく、頭をストレスいっぱいにして眠れなくなってしまうだけなのです。**

そこで、**〈ちくしょう！〉**という悔しい思いが湧き起こってきたら、**〈よくやっている〉**に口ぐせを変えちゃいましょう。

仕事で失敗したな、と思って不快な記憶が湧いてきたら**〈よくやっている〉**と言ってしまう。

すると**〈ちくしょう！〉**のときとは違って「確かによくやったかも！」と思えるような記憶も一緒に蘇ってきます。

〈よくやっている〉という口ぐせに変えれば、ストレスが脳にたまらずに、テレビとかインターネットで不快感を薄める必要がなくなり、すぐに眠れるようになるのです。

先ほどの男性は、夜に**〈よくやっている〉**と言って眠ってみると、朝になったら「元気かも！」となって、ジョギングを始めるようになりました。

不快感にとらわれなくなると、それまで三日坊主で何も継続できなかった彼がジョギングを続けられるようになって、どんどん「なりたい自分」であった「健康的な自分」へと変化していきました。

彼自身「反省することは大切なこと！」とずっと教えられて生きてきたそうです。

確かに反省は良いことですが、依存症の治療に携わった経験からいえば、**「反省する人ほど、同じことを繰り返してしまう」**という大事なことが隠れています。

「また、やっちゃった！　私ってダメだ！」と反省してしまうと、脳にストレスが溜まってしまい、そのストレスを解消するために、依存対象となっているものに手が伸びてしまう――。

ですが、**反省しなくなると、脳にストレスがかかることが少なくなり、「頼らなくても楽になったかも！」と、自分にとって一番必要なことを自由に選択できるようになります。**

そうなんです。自分を責めて鍛え上げる「アメとムチ」よりも、自分には「アメとアメ」こそが、「なりたい自分」に近づくのに一番の近道なのです。

リセット！

17
夜のダメ出しをやめる

悪い例『やっぱりダメだ』

Reset!

『普通になってきたかも』


「勉強ができない」

「運動も他の人よりもできない」

「話すことが下手」

子どもの頃から、こうしたコンプレックスを持っている人は少なくありません。

事実、**私自身もこうした劣等感を克服したくて「今のままではダメだ！」と常に**

自分にダメ出しをして、それでも「努力してもちっとも変わらない……」と思ってきました。

カウンセリングを始めてから訪れる方に「コンプレックスを克服するためにどういったことをしましたか？」と聞くと、多くの人は意外にも、「え～と……」と言葉を濁してしまいます。

よくよく聞き出してみると、**理由は「続かない」ということでした。**

「集中力が続かなくて、勉強が続かない」
「運動しようにも、すぐ疲れちゃうから続かない」
「話し方の本を買って実践してみようと思っても三日坊主で……」
と「やっぱりダメだ！」と続かなかったのです。

しかし、それは続かない理由の本質ではありません。

真の理由は「言い訳をしてしまう」ことです。続けられない自分に嫌気がさして、先ほどお伝えしたような、**〈でも～〉〈だって～〉**という口ぐせで、自分を言い訳モードにし、「やっぱり続けられない！」となってしまいます。

そうして「アメとムチ」の言葉で自分にダメ出しをしてしまい、脳にストレスがたまり、「疲れているから、できない」と思い込んでしまうことです。

しかし、「アメとムチ」の言葉は有効に使える場合があるのに、なぜ反対にストレスがかかってしまうケースがあるのでしょうか？

少しでもできたら「よくやったね！」と、自分にアメを与え続けていけば「もうちょっと頑張ろう！」というムチも有効に働くのではないでしょうか？

「アメとムチ」の言葉が有効に作用しない人の場合、その多くは**「夜に自分にダメ出しをしている」**ことが挙げられます。

前の項目の男性もそうだったでしょう？

夜にストレスを受けた脳は、それを解消できずにため込んでしまい「自分って、やっぱり変われない！」とどんどんガッカリしていくのです。

たとえば、自分の中に「なりたい自分」という理想像があります。

しかし、もしその理想像が今の自分よりも、はるか彼方にあるような「ものすごい自分」だったとしたら、今すぐ捨ててしまいましょう。

高い理想像に追いつけない自分にイライラして、「今の自分は全くダメ！」とどつぼにはまるだけなのです。

理想像が高いと、少しの成長程度ならば「変わっていない」と思い、自分にムチを打つばかりになります。

どんどん疲れて**〈やっぱりダメだ！〉**となり、脳にストレスがたまってドーンと気分が落ち込んでしまう、というわけなのです。

そうなると、「なりたい自分」に近づくことをあきらめてしまいます。

そうなる前に、**理想像をもっと低く設定しなければなりません。**

そのための口ぐせは、**〈普通になってきたかも〉**です。

実は、理想像が高い人は「普通がイヤ！」と感じてしまう傾向が強くあります。

「普通のままでは、周りから受け入れられない」と思っているのです。

「特別でなければ自分は愛されない」という思いから、「普通がイヤ！」という思考にとらわれてしまいます。

だからこそ、あえて「普通がいちばんラク！」という思考に、脳を切り替えてあげる必要があります。

それが、**〈普通になってきたかも〉**という言葉なのです。

理想像を低く設定すると「自分って、結構よくやっているじゃん！」と感じることができ、脳にストレスがたまらなくなります。

脳にストレスがたまっていない状態であれば、あきらめることなく、行動を続けられます。本来の自分の行動力が戻るので、着実に「なりたい自分」に近づいていく実感も持てることでしょう。

だから、初めから「普通」を嫌わずに**〈普通になってきたかも〉**と受け入れて、まずは自分のハードルを下げちゃいます。

そこから徐々に「私は変われるかも！」と思えるように変化していけばいいのです。

Column

3 身だしなみがしっかりでも、第一印象が悪い……

　E男さんは「異性から避けられる」という悩みを学生時代から感じていました。

「気のせいかな？」と思うこともあるのですが、電車に乗っても明らかに女性が自分のそばにいると嫌な顔をして、そして去ってしまいます。

「ダサイ格好をしているからかな？」とか色々悩んでいたのですが、ちっとも理由がわかりません。

　あるとき、電車で立っていたら女の子のグループがぶつかってきて「失礼」とE男さんが言ったら「気持ち悪い！」と言われてショックを受けたことがあります。

「そんなに気持ち悪い容姿をしているの？」と本気で悩んだそうです。

でも、口ぐせを**〈どうでもいいじゃない！〉**と変えただけで「あれ？　異性が私のことを気持ち悪がらない！」となったそうです。

ちゃんと近づいて話しかけてくれるようになって自分でも驚いたそうです。

以前は「女性から嫌われているかも？」と相手がどう思うかばかりを考えてビクビクしていたから「気持ち悪い！」となっていたんです。

E男さんは「相手から嫌われている」と想像してしまって「自分は嫌われ者！」と暗示をかけていました。

でも、彼のビクビクは、怯えているのではなくて、逆に相手を気持ち悪がっている、と受け取られていた可能性があることに気がついていなかったのです。

「自分が弱い存在だから怯えている」というのが当時のE男さんの認識。

でも、相手は全く逆で、E男さんのことを「弱い存在」として見ていなかったので、彼の態度は相手に対して身構えているように見えたことでしょう。

結果として、余計にお互いのビクビク感が増幅してしまい、E男さんは「敬遠されている！」と誤解し、相手は「気持ち悪い！」という不快感を持ってしまっていたのです。

するとE男さんはますます「私がダサイから」とか「みっともない容姿をしているから嫌われる」と間違った原因を勝手に考えてしまい、ビクビクして、気持ち悪がられるという連鎖になっていったのです。

つまり、「自信がないから嫌われる」ということです。

自信のなさがビクビク、オドオドした印象を全面的に出してしまい、こちらの緊張状態を相手は「私が拒絶されている！」と受け取ってしまい、「何この人！」と攻撃的になるわけです。

すべてE男さんの口ぐせが周囲に対してひどい印象を与えていて、彼は気を遣って上品な人を演じているつもりが、いつの間にか「品のない人」に成り下がっていたのです。

第4章

攻撃する人が消える「つらい人間関係」をリセット！

リセット！

18 正しい距離感は、「呼び方」で9割決まる

悪い例『〜さん』

Reset!

『〜部長』『〜先生』

「人から理解してもらえずに、そのせいでずっと損をしている」
「普通に話しているだけなのに、人から邪険に扱われる」
誰かと言い合ったり、自分の意見を話しても感触がよくなかったりするとき、こんな風に考えたことはありませんか？
そんなときは、会話のはじめのほうに、ある一言を加えると、お互いの距離感

を相手が自動で察して、上手くいくようになります。

私のもとへ来た、ある若手のお医者さんが、

「どこに行っても、モラハラやパワハラにあって、嫌な思いをし続けてるんです」

と悩みを告白してくれたときのことです。

指導してくれる先輩医師も、最初のうちは親切に接してくれるものの、そのうちに冷たい態度をとるようになって、他の人とは明らかに違う対応をされるようになって不快になる、とのことでした。**謙虚な態度をとっても、みんなの前で見せしめのように叱られる。**

それが、どこに行っても、相手が誰になっても、状況が変わらないんです、と深く悩んでいらっしゃいました。

私と話していても、言葉遣いは丁寧で嫌味な雰囲気などない人です。

こうした、ご本人が「何をやっても変わらないんです！」とおっしゃっている場合、**実は「簡単に変わる方法があるはずなんです！」という願望が隠れているこ**

とがほとんどです。

問題の解決自体は簡単なのに、それを自分で見失っているだけなのです。

何度かお話をしていく中で、そのお医者さんが「大嶋さんは、そんな経験はないの？」と質問してきたとき、「これだ！」という原因がはっきりとわかりました。

男性は、先輩医師に対しても**〈〜さん〉**と呼んでいて**〈先生〉**をつけていなかったのです。

突き詰めてみると、**どうやら子どもの頃から窮屈な上下関係が苦手だったということでした。**そこで、

「関係がギクシャクしたと思う相手には、名前に〝先生〟をつけて会話をしていただけますか？」

とお願いしてみました。

2週間経って改めてカウンセリングにいらしたその人は、様子がすっかり変わっていました。

前は、ツンとした印象があって「怒りっぽいのかな？」と感じていましたが、

角の取れた雰囲気になっていました。

「**〈先生〉**を会話のはじめにつけただけで、相手との距離感がうまくとれるようになった気がします」

と嬉しそうに話してくださいました。

〈先生〉をつけずに話していたときの彼は、言葉遣いが敬語だったり、砕けた物言いだったりとバラバラで、先輩医師は、彼との距離感がうまくとれなくて困っていたのでしょう。

彼は、そのせいでどこへ行っても誰と会っても、関係性がギクシャクになっていたのです。

このように、相手に話しかけるとき、まず敬称をつけて呼ぶと、すんなりと適切な距離感が生まれるのです。

このお医者さんのケースでは、会話の頭につける敬称が**〈先生〉**でしたが、会社なら**〈先輩〉**やその人の肩書をつけてみましょう。もしプライベートなら丁寧な呼び方、たとえば夫を呼ぶ場合は**〈あなた〉**、親しい友人なら**〈～くん（さん）〉**

とつけてみる。

これだけで、**敬語がすっと出てきて、あいまいになった相手との距離感をリセットすることができます。**

先ほどのお医者さんは最後に、

「患者さんに対しても呼び方を気にしてみたら、トラブルを起こす患者さんが一気に減って、余計なストレスが減ったんです！」

とすがすがしくおっしゃいました。

リセット!

19 否定的な意見を言った相手を、肯定する

悪い例 『なんであの人は?』

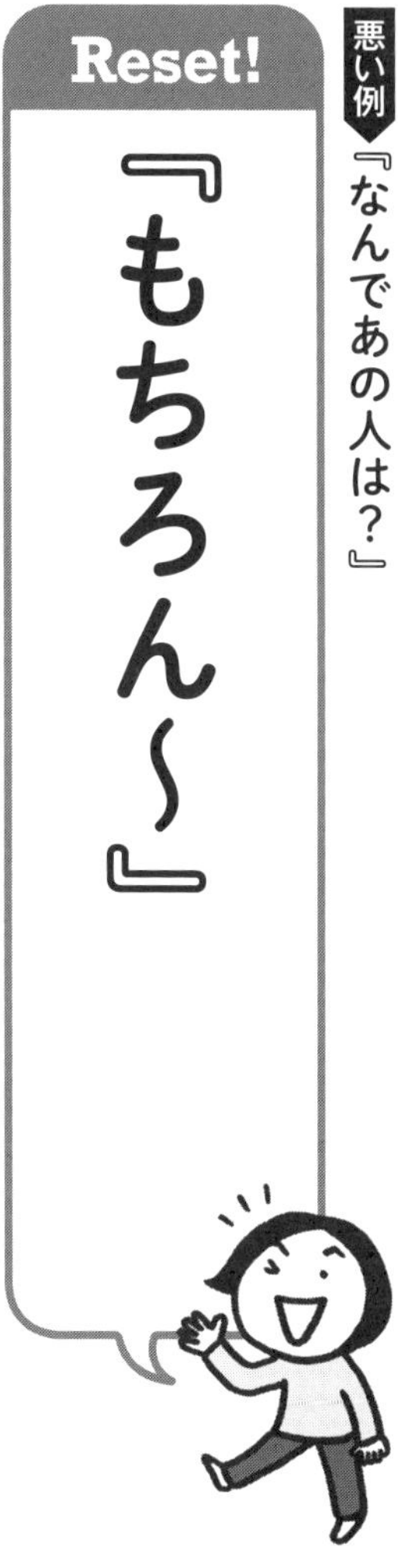

「周りがみんな自分の味方だったらいいな」

まさかそんな夢のような人生を思い描くことはさすがにないとしても、自分に意味もなく厳しい人は少ないに越したことはありません。

誰であっても、「せめて人間関係くらいは良好でいたい」と思うことでしょう。

しかし、現実はそう甘くありません。

「人の悩みすべては、対人関係のせい」と言い切る心理学があるように、**自分にとって心地よい人間関係を維持することは不可能です。**

ですが、そんな問題だらけの人間関係も、口ぐせ次第で見違えるように変えられます。

「なんで、あの人はあんな失礼なことを言うんだろう？」

ある女性は、いつも心の中で〈**なんであの人は？**〉という言葉がぐるぐるとまわってしまうと相談してきました。

会議中、とある同僚からみんなの前で「あなたの言っていることがよくわからない」と言い放たれて真っ青になったそうです。

彼女としては、わかりやすく話をしたはずなのに〈**なんであの人はあんなことを言ったんだろう？**〉といつもの口ぐせが心の中に出てしまい、それから同僚の意図を考え始めてしまいます。

そうなると「なんだよ！　偉そうに！」と反感を覚えるどころか、納得がいかず〈**なんであの人はあんなことを言ったんだ⁉**〉と、また口ぐせが出てしまうことになります。

そうして答えの出ないことを考え続けているうちに「みんなの前で恥をかかせて、私をおとしいれようとしているのかも……」と、悪いほうへと思考が向かってしまいます。

そして最後には、同僚がものすごく悪い人に思えてしまい、「あいつを絶対に許せない！」と敵対心を持つようになるのです。

〈なんであの人は？〉という口ぐせが出てしまうと、どんどん人の悪意ばかりが浮かんでしまいます。

そのせいで、誰も信じられない状態となって、「人間関係って、ホントめんどくさい！」となっていくのです。

そんなときに出したい、おすすめの口ぐせは**〈もちろん〜〉**です。

この**〈もちろん〜〉**は相手の反論を受け流すだけでなく、否定されかけた自分の発言や意見を守る効果もあります。

「あなたがそう言うなら、それでもいいんじゃない？」という意味を伝えられます。

相手から否定されかけたときに大切なことは、相手の言っていることを自分から切り離すことです。

「あの人がそう言うなら、自分の考えは間違っているんだ……」

そう思うようになると、ますますみじめで、人間関係への苦手意識も高まっていきます。

ただし、**〈もちろん〜〉**だけでは、これまで否定されてきた経験の多い人にとっては、人間関係の苦手意識をなくすには不十分な場合があります。

なぜなら、会議などで自分が発言するまえから「また否定されるかも……」とビクビクしてしまうからです。

そこで、さらに使ってもらいたい言葉は**〈どうでもいいじゃない〉**という口ぐせです。

苦手な相手と話す前に、頭の中でも構わないので、そっと唱えてみてください。

もし、相手が否定的な発言をしてきたなら、**〈もちろん〜〉**を使ってみるのです。

「もちろん、あなたの言っていることもわかります」
「自分が未熟なのは、もちろんわかっています」
そうすれば、**相手の意見を受け流しつつ、自分を卑下するような気持ちになるのを避けられます。**

どうしても「なんであのとき、言い返せなかったんだろう?」という気持ちを引きずってしまうときも**〈どうでもいいじゃない〉**とつぶやいてみましょう。

相手と自分を切り離せば、「あれ?　本当にどうでもいいかも」と思えるようになります。

そうすれば、相手の意見に振り回されていた状態から徐々に解放されていきます。

〈もちろん〜〉と**〈どうでもいいじゃない〉**の合わせ技が、人間関係を楽にしていくことでしょう。

リセット！ 20

共感を示したいなら、相手のことを考えない

悪い例 『その気持ち、わかるよ』

Reset!

『嫌われてもいいや』

「相手から嫌われないようにしよう」と人の気持ちを考えれば考えるほど、実は逆の結果になってしまいます。

「だったらどうすればいいの？　『わかるよ』って言えないじゃないですか？」

と疑問に思われますよね。

「わかる」「そう思っていた」「私も同じことがあった」……コミュニケーション

において、こうした共感は非常に大切なものです。

共感とは他人と喜怒哀楽の感情を共有すること。

「あ～！　私のつらさをわかってもらえた！」と思った瞬間、「人と通じ合えた」という感動が生まれ、共感になります。


一見、「相手の気持ちがわからないと共感できない」と思ってしまいます。

しかし、それこそが多くの人が陥る勘違いなのです。

実は、相手の気持ちを考えて表現する共感は、「自分が嫌われないようにする言葉」を選んで話しているのです。

つまり、本心からの共感を表せていません。

そうした感覚を相手が敏感に感じ取り、「この人、嘘くさいなぁ」となってしまうのです。

結果、「共感してくれない人」という評価をされてしまいます。

「嫌われないように」

「誤解されないように」

そう考えながら伝える情報を選ぶと、残念なことにあなたのリアルな感情は決して相手に伝わりません。

本当は心の底から相手に共感していても、「嫌われないように」という気持ちが、本心をモヤのように邪魔をして隠してしまうのです。

もちろん、詐欺師のように情報を操作して、相手の感情を動かすことはいくらでもできるのかもしれません。

けれども、「わかってもらった！」という共感を、相手から引き出すことは難しいでしょう。

「相手がどう思おうがどうでもいいじゃないか」と開き直れば、自然と共感は生まれて、周りの人との一体感を感じ取ることができます。

私の場合は〈**嫌われてもいいや**〉という口ぐせに変えてから、それができるようになりました。

人からどう思われようが〈**嫌われてもいいや**〉という口ぐせを、人の顔色を見ながらビクビク、オドオドした瞬間に繰り返すと、不思議と曲がっていた背中が伸びて胸が張れるようになります。

すると、自然と自分の内面をさらけ出して話すことができます。

それが本当の共感の第一歩なのです。

リセット！ 21

嫌味・悪口は、相手を認めれば聞こえなくなる

悪い例『あの人サボっている！』

Reset!『よくやっている』

嫌味を言われたことがない人って、きっといませんよね？

「あなたって、本当に上司に気に入られてて羨ましい」

「こんな仕事、すぐにできちゃうんでしょう？」

人は嫉妬やうらやましさから、ついつい嫌味や悪口を口に出してしまいます。

言われたほうもイラッとしながら、言い返せないことが多いことでしょう。

ですが、そんなイライラも、あなたの口ぐせを変えるだけでスッキリさせることができます。

口ぐせが、人を観察する視点を180度がらりと変えてくれるからです。

ある女性が職場で「ある同僚から悪口や嫌味を言われたりする」ということに悩んでいらっしゃいました。

その方は礼儀正しくて、そして誰よりもまじめに仕事をこなしていました。嫌味を言ってくる同僚は、普段から仕事をサボり気味で、さらにはそうした仲間を増やしているような人だそうです。

嫌味を言われ、抱える仕事の量も増えるばかり……私のもとを訪れたときの女性はとても疲れ切っていました。

女性は嫌味を言われる理由を、

「私が真面目に仕事をするほど、自分たちのサボりが悪目立ちするから、私が仕事をサボるように仕向けているのかな?」

と初めは言っていました。

「だったらあなたが、仕事をいい加減にやるまで悪口を言われるの？」

と質問すると、真面目な彼女は黙りこくってしまいました。

困った私は、彼女がサボっている同僚を見つけたとき、どんな反応をしているのかを教えてもらいました。

少し口ごもりながらも、思い切って教えていただいたことは、

〈あの人サボっている！〉

と思ってしまう、ということでした。

彼女は、**口に出して言っているわけではない、自分の頭の中でつい浮かんじゃうだけ**、とおっしゃっていました。

そこで、**〈あの人サボっている！〉**と思ったとき、思い切って**〈よくやっている〉**と思い浮かべてもらうことにしました。

その女性は、なぜ**〈あの人サボっている！〉**ではダメなのか不思議がっていましたが、とりあえず**〈よくやっている〉**を試してもらうことにしました。

職場でいつも通り嫌味を言ってくる同僚とその取り巻きがコソコソと会話をし

ながら仕事をサボっているのを見て〈**よくやっている**〉と頭の中でつぶやいてみます。

お昼時間を過ぎても仕事に戻ろうとしない同僚を見ても〈**よくやっている**〉とつぶやいてみます。

すると「あ！　あの人、私と同じような仕事の能力がないから仕事ができないんだ！」ということに気がつくのです。

そう、**彼女が有能なせいで、他の人たちが同じように仕事をこなせないことにイライラしていたのです。**

「同僚は私とは仕事の能力に差があるから、サボっているように見える」

そう気づいたと言います。

そうしたことを冷静に踏まえてみると、〈**よくやっている**〉が本当のことに思えてきます。

嫌味を言っていた同僚たちは、実は自分の能力の範囲内で、精一杯やっていたのだと。

納得した彼女は、以前だったら〈**あの人サボってる！**〉と頭の中での口ぐせが出る場面でも、**〈よくやっている〉**を口にするように変わりました。

そして、とたんに、嫌味を言っていた同僚が、もらい物のお菓子などをその女性のところに持ってくるようになります。

次第に、嫌味も減り、問題だった同僚からは、「いつも私ができない仕事をやってもらってごめんね」と言ってもらえたそうです。


このように「口ぐせを変える」ということは、**それまで自分が見ていなかったモノやコト、人の特徴を冷静に観察できるように手助けしてくれる効果があるのです。**

口ぐせは思い込みや自分がこれまで獲得してきた感覚、気質に由来します。

ですが、それを思い切って変えると、これまでの自分では気づけなかったものに気づく力が得られるのです。

それさえできれば、どんなに相性の悪い人とでも、「あ、この人にはこんな魅力があったんだ！」と思えて、イライラが少しずつ減っていきます。

嫌味を弾き返す〈よくやってる〉バリア

リセット!
22
相手のイライラには「イライラ返し」

悪い例『イライラを落ち着かせよう』

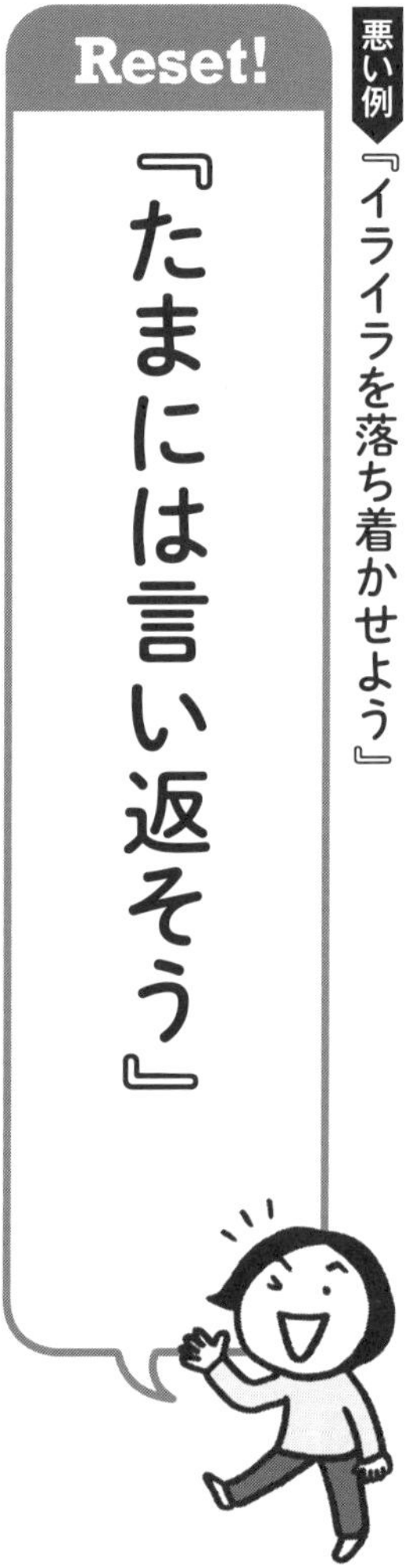

「どうにも自分の感情を発散できなくて、ストレスがたまるばかりなんです……」

とある女性が僕のところに、感情の吐き出し方を相談しに来たときのことです。

人は、相手の気持ちや状況ばかり考えてしまうと、自分の感情、特にイライラといった負の感情を吐き出すことができなくなりますよね。

しかし、これは全くの逆で、**イライラを発散したほうが、周囲とうまく関係を**

築けるのです。

多くの人は、自分の感情を多かれ少なかれ発散しながら生活をしています。

普通なら、関係のない親しい友人にグチをこぼしたり、お酒を飲んだ場で思い切って言ったりして、発散するものです。

だから、**感情を表になかなか出さない人を見ると「本心ではどう考えているかわからない」と思ってしまいます。**

自分と同じように感情を持たない存在には、本能的に恐怖を感じてしまうのです。

この場合、悩んでいる女性は、周りから試されています。

恐怖心を感じた人は、**「テスティング」**という行為をしてきます。

テスティングとは文字通り「試す」ということ。

「私と同じような感情があるんだったら、意地悪をしたら怒るはず」と意地悪や悪口を言って「自分と同じかどうか?」ということを試してくるのです。

普通の人はこちらが感情を出すまでちょっかいを出してきますから「カッと言

い返しちゃう！」となってしまうのです。

〈イライラを落ち着かせよう〉

こんな口ぐせは、自分のストレスになるばかりか、周囲のテスティングをさらに増やすだけになります。

そこで**〈たまには言い返そう〉**という口ぐせに変えてみましょう。

言い返して、それから自分の感情を相手にオープンにできれば、相手は「仲間だ！」となるからテスティングはしてこなくなります。

つまり、カッとなって正解なのです。

でも、再び、礼儀正しく言葉遣いを丁寧にして感情を出さないようにしてしまうと、テスティングをされて悪口とか意地悪を言われ続けてしまいますので、初めのうちは注意しながら実践してください。

あなたが怒ったり、時には泣いたりすることで、相手は自分と同類だと安心して、攻撃を止めてくれるのです。

リセット!

23

〈客観的に～〉で自分も相手もだます

悪い例
『私、悪くありません……』

Reset!

『客観的に見てくれてありがとうございます』

人から怒られたとき、どんな反応を示すかはその人それぞれです。

その際に**〈私、悪くありません……〉**と弁解してしまうと、

「お前はちっとも反省していない!」

と言われてさらに嫌な気持ちになってしまいます。

でも、実際に悪いのは相手であって、自分は悪くないのに「すみません」と謝

ってしまうと、今度は〈**私、悪くありません……**〉という感情が吐き出せず、ストレスが脳内にたまってしまいます。

ストレスがたまってしまうと、同じことをくりかえして「また、責められる」というスパイラルに入ってしまいます。

こんなときは〈**客観的に見てくださってありがとうございます**〉というのを口ぐせにしてみましょう。

〈**私、悪くありません……**〉は「あなたの見方や判断が間違っている！」という怒りを吐き出したい心理に基づいています。

しかし、それを直接言っても相手には伝わりません。

そのうちに怒りが膨らんでいってしまいます。

そこで、相手が「君が悪いんだ」という偏った視点からの判断ではなく、**客観的な視点からアドバイスをくれたと考えられるように脳をだますのです。**

そうすれば、怒りはたまらないわけですから「いつも、客観的な見方をしてくださってありがとうございます」と言えるようになります。

言われた相手は「あれ？　私って客観的な判断をしているのかな？」と疑問になります。

そして、**相手の脳内で自動的に「客観的な視点」から思考が修正されるので、「あ！この人が悪いわけじゃないんだ！」というのが伝わります。**

そうすれば、あなたもストレスをためることなく、相手とのやりとりもスムーズに進むようになるでしょう。

自分がして欲しい方向に相手を褒める、という口ぐせはとっても便利なのです。

リセット!

24

ほめるだけで、お願いごとを聞いてもらう

悪い例『お願いします』

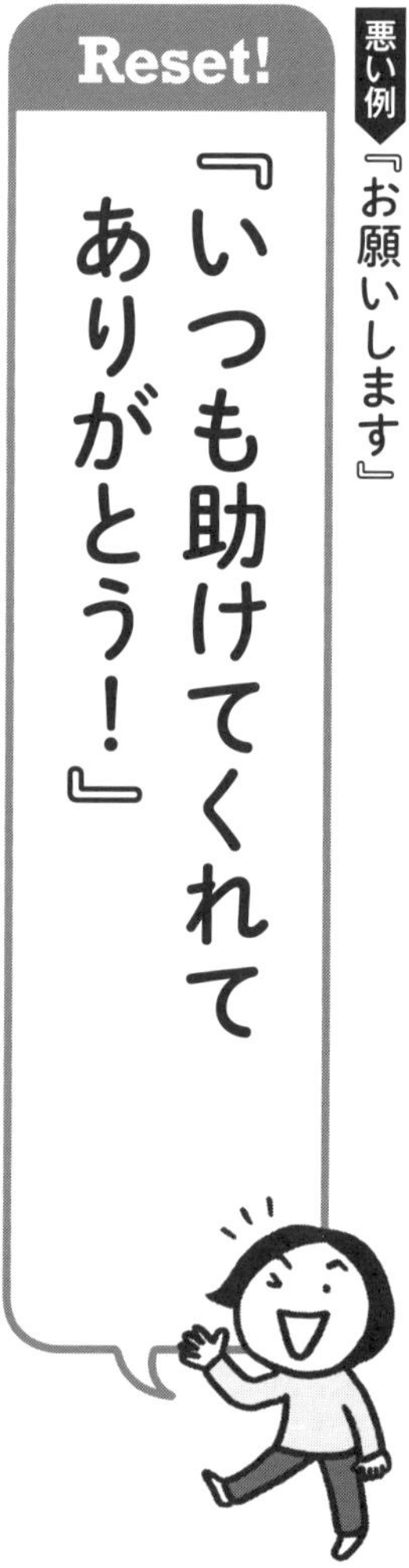

相手にお願いするときでも、**〈お願いします〉**と伝える前に、**〈いつも助けてくれてありがとう!〉**とほめるのを口ぐせにしましょう。

別に助けてもらったことがなくても構いません。

ほめられると相手の脳内では、自動的に「あのことを言っているのかな?」と自分が助けたかもしれない場面を勝手に検索する心理が働くからです。

〈いつも助けてくれてありがとう!〉とほめたあとに相手にお願いをすると、スムーズにお願いを受け入れてくれるようになります。

反対に、相手からのお願いごとを断るときは、**〈いつも気を使ってくれてありがとう〉**と一言加えてから断ると、角が立たずに断ることができます。

いつも頼む相手、そして断る相手に「そうして欲しい方向にほめる」ことを口ぐせにしてみるのです。

相手にお願いをする、というのは「あなたのことを信頼していますよ」というとても大切なサイン。

人をほめる口ぐせこそが、最短で相手との信頼関係を築く秘訣でもあるのです。同時に、「断る」というのは、相手との適切な距離感を保つのに重要な役割を担っています。

適度に、かつ気軽に相手のお願いごとを断ることで、

「私は私、そして相手は相手」

という、お互いが尊重しあえる距離を保つことができるようになるのです。

ここで相手の気持ちを考えてしまい、

「頼まれたら嫌かな?」

「断られたら困るのかな?」

なんて考えてしまうと、相手との距離が上手く保てなくなり、知らず知らずのうちに相手を傷つけてしまいます。

そうすると〝敵〟をつくるきっかけになってしまいかねません。

「頼ること、断ることはお互いにとって大切なこと」という認識を持つといい感じになります。

それらをうまく口ぐせでコントロールすることで、人間関係を良好に築いていけることでしょう。

Column

4

〈かわいそう〉と同情したのに、なぜか嫌われる

〈もちろん〜〉や**〈どうでもいいじゃない〉**を使うことが、人間関係で〝敵〟がいなくなることに役立つとお伝えしました。

しかし、もしも〝敵〟がいなくなった理由が、まったく反対の理由だったらどうでしょうか？

それは、「優しい言葉をかけたつもりが、相手を傷つけてしまったがゆえに、離れていってしまった」というケースです。

知らず知らずのうちに相手のことを思って言った言葉で相手を傷つけ、怒らせていることも多いのです。

たとえば、**〈かわいそう〉**という言葉には、同情とともに哀れみの感情も混じります。だから、**〈かわいそう〉**と言ってしまったら「あんたはみじめ」と言っているのと同じになります。

たとえ、そんなつもりがなくても、相手が感じ取ってしまったら、相手の感情をさかなでることになります。

「大変な状況にある人の力になりたい！」と相手の気持ちになって言ったつもりが、逆に相手を傷つけるような言葉を言っていることがあるのです。

私の口ぐせだった**〈でも〜〉**という言葉も、何気なく相手が言っていることを否定していることになります。かつての私も、「せっかくの意見が否定された！」と相手を傷つけていたのです。

「そんなことといちいち気にしてたら何にも話せなくなっちゃうんじゃ……？」と思ってしまうかもしれません。

でも、ここで気がついてほしいのは「相手のために！」と人の気持ちを考えて使っている口ぐせが何気なく相手を傷つけてしまっている、ということ。

では、相手を傷つけずに、自分の言葉を伝えていくにはどうすればいいのでしょうか?

それは、「気持ちがわかっている」という思い込みを捨てることです。

「人の気持ちがわかる」という考え方は素晴らしいことですが、実はそれは多くの場合、思い込みに過ぎません。

〈なんであの人は〉と口ぐせが出たときに、

「私をおとしいれるためだ!」

「バカにしているからだ!」

というネガティブな結論を考えてしまうために、人を信じられなくなります。

人を信じられない心理なのに、優しい言葉をかける、という矛盾した事態が起きるのです。

逆にいえば、人を信じることができるのならば、初めから相手に優しい言葉をかける必要なんてないのです。

人を信じていないから「優しい言葉をかけてあげなきゃ！」と**〈かわいそう〉**という口ぐせが出て、相手に「バカにされている！」という感覚を生み出してしまいます。

優しい言葉がけをして相手を助けてあげようと思っても、相手からしたら、ただバカにされているとしか感じられません。

一歩立ち止まって、あなたが今かけようとしている優しさの本心を、自分に問いかけてみてください。

第5章

不安がぶっ飛ぶ「あせる仕事」をリセット!

リセット!

25

日曜の夜に気合を入れない

悪い例『明日の仕事、頑張ろう!』

Reset!

『仕事なんて、たいしたことない』

「また、明日から仕事か」

「あーあ、仕事に行きたくないな」

「朝早く会社に行かなきゃ!」

週末を楽しく過ごせば過ごしただけ、月曜日からの仕事がゆううつになる──。

多くの人が一度ならず何度でも経験する感覚でしょう。

しかし、こうした口ぐせが出てしまうと、せっかくの休みの夜なのにものすごく気分が落ち込んでしまいます。

そして、実はそれほど仕事が嫌いではないはずなのに、仕事に行くのがだるくなり、仕事に対するテンションもどんどん落ちてしまうのです。

これらの口ぐせは休んでいるときは自由に楽しくできているのに、仕事が始まってしまうと「自由じゃない！」という錯覚におちいらせて**「仕事が自分の自由を奪っている」という感覚にさせてしまうプロセスが働きます。**

本当は「明日から仕事だから気合を入れて備えなきゃ！」という意味で「明日から仕事だ！」と言っていたのが、どうしても「気合を入れさせられている」という感覚になってしまって「嫌だな～」ということから気が重くなってしまいます。

「休みの日の自然体のまま仕事に行けばいいじゃない？」と言われたところで、**まじめな人ほどダラダラした気分で仕事へ向かうのを避けたがります。**

そうすると「仕事だから気分を切り替えなければ！」と思う一方で、「せっかくの休みから気分を切り替えなきゃいけないなんて……」という矛盾した心理が働くのです。

私もこれに長年苦しめられました。

私の父もまじめな会社人間で、日曜日の夜になると〈**明日から頑張るぞ！**〉と気合を入れていました。

その口ぐせをまねるような形で、大人になった私も日曜日になると〈**明日から頑張るぞ！**〉と言ってしまっていました。

しかし、それを言うたびに嫌な気分になっていたんです。

それでも、**その口ぐせをやめられなかったのは「気分を切り替えて仕事をしなければ！」と思ってしまうからです。**

同じような悩みで私のところに相談へやってくる人たちも、月曜日の仕事がゆううつに感じるのは、まじめすぎる人に多いのです。

そんなとき、「明日は大変な仕事が待っているんだ」と浮かんできたときに〈**たいしたことない！**〉と言ってしまうと「あれ？　気持ちが重くならない！」となります。

実際に職場に行って大変な仕事と向き合っているはずなのに「あれ？　本当にたいしたことなくて、無理に頑張らなくてもいいかも」と思えるから不思議です。〈**たいしたことない！**〉を口ぐせにしたら「まだまだ楽しめるぞ！」という感じで日曜日を満喫できるようになるのです。

これは、**「仕事なんだから、自然体じゃダメ！」というまじめさを柔らかくしてくれる口ぐせだからです。**

仕事を目の前にして〈**たいしたことない！**〉と言うのは「まじめに取り組まなくてもいい」と暗示を与えてくれます。

いい加減さを意識させてくれる口ぐせで、まじめすぎる性格が適切になっていき、休みでも仕事でもそのままの自分で楽しめるように変わることができるのです。

リセット！
26
多すぎる義務感を手放す

悪い例『あれもこれもしなきゃ！』

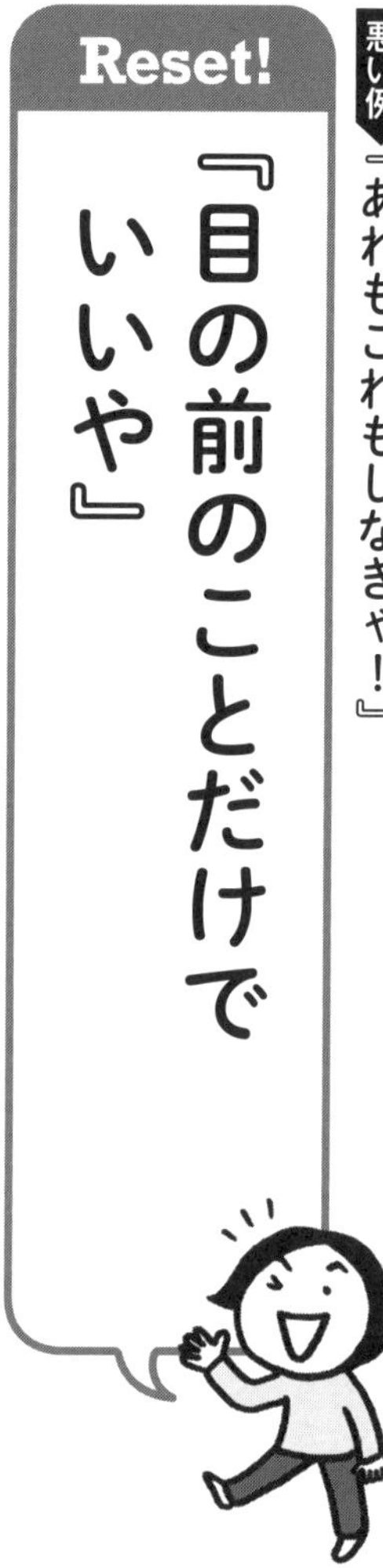

〈あれもしなきゃ！〉
〈これもしなきゃ！〉

まじめな人ほど、たくさんの義務感を抱えてしまう傾向があります。
すると**〈あれもしていない！〉〈あれもできていない！〉**とどんどんマイナスの口ぐせが出てきてしまうんです。

〈あれもできていない！〉というマイナスの口ぐせで、やれていない仕事のことを思い出すと気分が沈んでしまいます。

〈嫌だな〜〉〈だるいな〜〉という口ぐせが出てきて、実際にやらなきゃいけないことに手がつけられなくなり、ますます「まだ、あれもやっていない！」という重い気分を抱え続けることになります。

マイナスな口ぐせで気分が重くなり、どんどんやらなければいけないことができなくなり、やらなきゃいけないことがたまっていってしまいます。

〈あれもしなきゃ！〉という義務感から**〈できていない〉**という不満足感を表すマイナスの口ぐせを連発するようになると、「自分って、こんなにデキない人だっけ？」という自己卑下の心理が働き始めます。

すると、仕事が全然できなくなり、全てが後手後手に回ってしまい、ますます悪循環におちいっていくのです。

こんな状況に困っている人は「なんでも完璧にやらなきゃ！」と思っていませんか。

広がりすぎた視野をあえて狭くする

でも、「完璧主義だから、マイナスな口ぐせばかり出てしまう」ということはわかっても、具体的にはどうしたらいいのかわからない——。

そんなときには〈**目の前のことだけでいいや**〉という言葉を浮かべてみましょう。

〈**目の前のことだけでいいや**〉を口ぐせに作業を進めていくと「あれ？　あっという間に片付いちゃった」と驚くほど、仕事が進んでいきます。

実は、**完璧主義というのは、視野が広くなりすぎて、自分の能力以上の仕事や作業を抱えがちなのです。**

その広がりすぎた視野を、いったん狭くしてやるのです。

まじめで完璧主義な性格は素晴らしいことですし、無理に変えることはできません。

ですが、目の前のたったひとつのことに集中する、という意識づけをすることで、まじめさを活かすことができるようになります。

リセット！

27

「できる」と言わなくていい

悪い例 『自分にはできる』

まじめすぎる人は〈**自分にはできる**〉という口ぐせを持っていて、それで自分を奮い立たせようとします。

でも〈**自分にはできる**〉と言ってしまうと、気分が重くなってしまっていつの間にか「やらなきゃ！」と義務に変換されてしまいます。

義務に変換されてしまうとマイナスな口ぐせが次から次へと出てきてしまい、

いつの間にか「できると言ったけど、できていないかも……」となってしまうのです。

この口ぐせを持っているかどうかは、親の口ぐせも関わってきます。

幼いころに親から「この子はやればできる子なんですけど、やらないからちっともできないんです」と言われてきた人は、〈**自分にはできる**〉という口ぐせは身につきにくい。

本当は優れた能力を持っているけれどそれが発揮できない、という暗示を親からかけられているからです。

すると、子どもの頃から「自分はできるんだ！」と思って色々なことに挑戦したところで集中できずに、自信が育ちにくくなります。

そういうケースでは〈**できるかも**〉という言葉に変えてみましょう。

〈**できる**〉と〈**できるかも**〉では、いったい何が違うのでしょうか。

現実にはありえませんが、「自力で家を建てる」という例で考えてみましょう。

〈できる〉と言ってしまうと、完成までの工程を一気に背負う心理に満たされてしまいます。

地盤を深く掘って、耐震アンカーを埋めて、そして、コンクリートで地盤を固めて、そして木枠を作って……という工程を「1日でやれ！」というレベルの重圧が、実は心の中であなたを襲っているのです。

〈できるかも〉では、家を建てる工程の一つ一つを順番に楽しむことができます。

なぜなら、**できるかどうかわからないからこそ、やってみて楽しかったら次の工程へ……というような軽いストレスで済むからです。**

私も4本の原稿を同時に書いていたりしますが、引き受けたときは**〈できるかも〉**と言って同時に引き受けています。

おそらく**〈できる〉**と言ったら途中でどれか投げ出してしまっていると思います。

でも**〈できるかも〉**にしているから、途中で投げ出すことなく「あれ？　書けてるぞ？　ついでに楽しいかも！」なんて思いながら書き続けることができるから不思議です。

リセット!

28 会議は「テキトー言葉」で乗り切る

悪い例『いいこと言わなきゃ!』

Reset!

『適当に発言すればいい』

デスクに座って一人黙々と仕事をしているときはいいのですが、会議となると「苦手!」というケースもよく耳にします。

人前で話すことが得意な人は、そう多くないことでしょう。

そして、そんな人にとって、会議といわれて真っ先に思うのが、「発言するのが苦手!」

ということ。

いざ会議の場で意見を求められると、**〈いいこと言わなきゃ！〉**と思うのですが、発言しようとすると頭が真っ白……。

結局、恥をかいた気分に浸ってしまい、会議への苦手意識ばかり高まるのです。

ある男性が、「会議の場が怖い」と言って相談に訪れたときのことです。

彼もやはりまじめな性格をしている方で、非常に頑張り屋さんでした。

しかし、私から見ると、そうした気質が彼を会議から遠ざけていると思いました。

彼は絞り出したような声でこう言いました。

「会社のために頑張ろう、っていろいろ考えているんですけど、結局役立つことなんて言えなくてつらいんです」

そんな彼に、私はこうアドバイスしました。

「役立つ発言なんて、会議中どれだけの人がしているか数えましたか？」

男性はまじめすぎるがゆえに、会社のために何か役に立ちたいという意識が強すぎていました。

でも、実際の会議などは往々にして、雑談も交えながら進むものです。なかにはもちろん、まさに「大討論会」のような雰囲気になったりもしますが、それはごくまれなことでしょうし、重役クラスの人でないと機会も少ないはず。

だから、彼には「適当に発言するように」ということを助言してみたのです。

「あなたが元気に会議へ出席するだけでも、会議の役に立つことになるんです」とも付け加えました。**最悪、発言すらしなくてもいい、という意図です。**

すると、男性はきょとんとした表情をした後で、力がぬけたような笑顔を見せてくれました。

まじめに話そうとすると「いやだな～」と気が重くなってしまう場面は、会議に限らず、たくさんあります。

仕事ならば取引先に出向くときもそうですし、プライベートならば、恋人の両親に会うときだって、緊張しますよね。

でも、そんなときには**〈適当に発言すればいい〉**で乗り切ってみるのも一つの手です。

そして、不思議にも**〈適当に発言すればいい〉**と思っているとスラスラ言葉が出てきます。

「まじめに言わなくちゃ」と思っていたときはあんなにあたふたしていたのに、です。

〈適当に発言すればいい〉の口ぐせが、会議に対する苦手意識を消して、会議の時間を有効に使えるようにしてくれるのです。

リセット！
29
「ちゃんとしなきゃ」を捨てて、話上手になる

悪い例
『スムーズに話さなきゃ』

Reset!

『簡単でいいんだ！』

プレゼンや研究発表、結婚式のスピーチまで、緊張する場所で話をするというのは、私も何歳になっても苦手なものです。

ですが、これも「適当でいい」という発想から口ぐせを変えていくと、随分と楽になります。

教職に就いている若い女性が「授業でうまく喋れなかったらどうしよう?」と、どうしても不安になってしまうと相談に訪れました。家に帰っては毎日、

「まだ、ここがダメ」

「もっとスムーズに!」

と言いながら必死に練習をしても、授業では教科書の棒読みになって、次第に何を話せばいいのかわからなくなってしまう、というのです。

「生徒に伝わってるかな?」と考える余裕などなくなってしまったのです。

このケースは**口ぐせによって、目的が「生徒にうまく教える」から「授業でうまく話す」にすり替わってしまったことが原因です。**

そうなると、少しでも言葉に詰まったり、教科書に書いてあることをそのまま言ってしまっただけでも、「ちっとも伝わっていない」と、自責の心理が働いてしまいます。

この女性は「相手からどんなダメ出しをされるかな?」とありとあらゆることを考えてしまう、と訴えていました。

だから「あれも言わなきゃ！　これも言わなきゃ！」と、自らハードルを高くし過ぎてしまって、余計にうまく話せなくなっていったのです。

やる気も能力も十分あるのに、人前で話すことが特別に苦手……。

このような場合、**自分の言葉でハードルを下げてあげる必要があります。**

たとえばプレゼン資料を作成しているときでも、

〈簡単でいいんだ！〉

を口ぐせにしてみてください。

すると、使っている言葉や写真、グラフまで、「難しくしなくていいんだ」と意識が変わっていきます。

いざ話す練習をするとなれば、**〈簡単でいいんだ！〉**という口ぐせを先に言ってしまいましょう。これを続けていくと、

「簡単なことなのに、なんで練習が必要なんだろう？」

と疑問が湧いてきます。そうすると練習も必要なくなり、不安も小さくなっていきます。

結果として、嫌な気持ちを抱えないまま眠れるので、ネガティブな感情に支配されずにプレゼンに臨めます。

人前で話す場合、〈簡単でいいんだ！〉という口ぐせを身につけておくと、どんどんポジティブな意識の循環が始まります。

それさえ動き出せば、自然体でスムーズに話せるようになるので、プレゼンでもスピーチでも、相手からの評価は何もしなくても高まっていくことでしょう。

これは人前で話すときだけでなく、日常会話でも十分威力を発揮する口ぐせです。

苦手な先輩とか上司と話をするときは「相手からどんなツッコミをされるのだろう？」と難しく考えてしまうので、何を話していいかわからなくなります。

相手の立場や能力に合わせようとしすぎて、無理して慣れていないことばかりを言おうとするのに加えて、伝わらないことさえも想定してしまい、ビクビク・オドオドしてしまうのです。

前にもお伝えしたように、先輩や上司の気持ちを考えすぎるあまり、ダメ出しが怖くなり、話していることがグダグダになってしまい、正反対の結果になってしまいます。

ダメ出しが怖くてオドオドしていると、ますます上司や先輩から突っ込まれて「ちゃんとはっきり喋れない子」にされてしまうのです。

これも**〈簡単でいいんだ!〉**という言葉を上司や先輩と話をする前に口ぐせにしてしまえば話しやすくなります。

この口ぐせを使うと、「人との会話って、意外と簡単で単純なんだ!」という気づきが起こります。**会話を複雑にする必要など一切なくなるのです。**

〈簡単でいいんだ!〉という口ぐせで気楽に話せると、気持ちはスッキリします。

リセット！
30
不安をあおる「ダ」付き言葉をやめる

悪い例
『ムダ』『ダメ』『ダカラ』

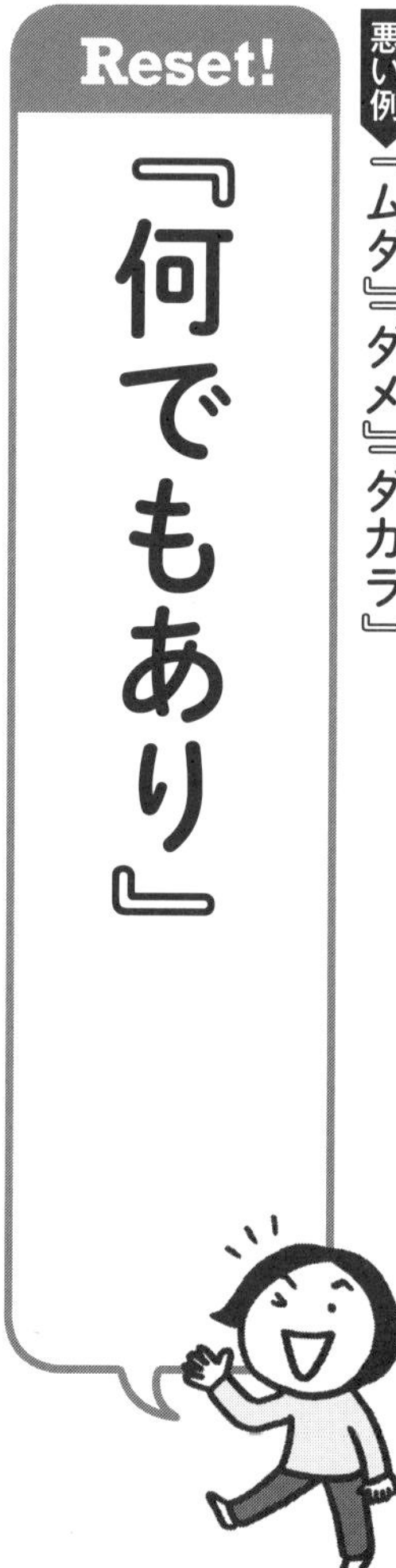

考え方が柔軟な人は〈**何でもあり**〉という心理が常に働いているので不安になりにくくなります。

その一方で「こうでなければダメ！」という確固たる基準が自分の中にある人ほど、周りの人たちと少しでも基準がズレただけで「わかってもらえないかも？」と不安になってしまいます。

自分の中の確固たる基準があるかないかは口ぐせでわかります。

〈ムダ〉〈ダメ〉〈ダカラ〉……こうした〝ダ〟がつく口ぐせがある人は要注意。

なぜなら、相手の基準を否定して、無理やりにでも自分の基準を当てはめようとする言葉だからです。

「その仕事のやり方は**〈ムダ〉**だよ」

「**〈ダメ〉**だって、そんな口のきき方は」

「**〈ダカラ〉**、そっちの道じゃないって言ったじゃない?」

並べてみるだけでも、自分の基準を中心に話してしまっていることがわかっていただけるでしょう。

自分なりの基準が本当に微動だにしないほどならば問題はないでしょう。

しかし、そこまで「頑固者」というのも、普通はいません。**人からなにか異論を唱えられれば、一瞬でも揺らいでしまうものです。**

そして、「他の人にわかってもらえていないかも?」と周りからの理解を欲してしまうと不安のスパイラルに入っていきます。

これらの口ぐせが出てくるときには、**〈何でもあり〉**と自分に言葉をかけてください。

その上で、**「頑固者でいたいか？」を問いかけるのです。**

「頑固者でいたい！」と思う人などそうそういません。心理上、「そうはなるまい！」という答えが自然と出てきます。

すると、**〈ムダ〉〈ダメ〉〈ダカラ〉**といった口ぐせを使わなくなります。

いつの間にか**〈何でもあり〉**という考え方に定着し、何でも楽しく挑戦することができるようになります。

自分の心から、不安がすーっと消え去っていることに気がつくのです。

Column

5 丁寧で穏やかな性格なのに、職場で馴染めない

カウンセリングに訪れたF男さんは、職場での悩みを打ち明けてくれました。上司の指示を他の人よりも真剣に聞いているのに「お前は人の話を聞いていない！」と叱られることが多いそうです。

何度も言われると、つい「だから、そんなことありませんよ！」と反論してしまい険悪ムードになってしまいます。

自分はちゃんと話を聞いていて、上司から言われたことに真摯に対応しているのに、聞き流している同僚のほうが評価されて自分は評価されない。そんなことだから、同僚からも距離をとられ、自分だけ蚊帳《かや》の外に追いやられた状態になってしまったと、彼は語りました。

「みんなは楽しそうに話をしているのに、僕が入っていくと場がしらけて話が止まり、クモの子を散らすようにみんなが去って行ってしまいます」

この話を聞いて「どうして受け入れてもらえないんだろう？」と疑問を抱きました。彼は、言葉遣いも丁寧で、何の問題もないように見えます。

そこで、試しに「ご自分では、なぜだと思いますか？」と問いかけてみました。その質問に対して彼は「だから、私もなんでなのかがわからないんですよ！」と語気を強めて答えました。そのとき「言葉遣いに特徴があるかも！」と思い、さらに「これまでたくさん努力をされてきても上司や同僚の態度も変わらなかったんですよね？」と質問してみると「だから、いろいろやっても、ちっともわかってもらえなかったんですよ！」とさらに繰り返したのです。

「変わらない口ぐせを見つけちゃったかも！」

私はそう思い、**〈だから〉**という口ぐせを**〈なるほど〉**に変えてみる、という提案をして上司や同僚との関係が変わるのか、様子を見ていただくことにしました。

2週間後、再び彼とカウンセリングをしました。

彼は、「**〈だから〉**これまで努力しても変わらなかったんだから、そんなに簡単に変わりませんよ！」と開口一番に言いました。

「**〈だから〉**という口ぐせを変えることが難しかったんですね！」とお伝えしました。

「**〈だから〉**私は上司のコミュニケーションの問題だと思うんですよね！」

納得できない様子の彼も引き下がりません。

そこで私は、その口ぐせをまねてみて「**〈だから〉**上司のコミュニケーションの問題なんですよね」と返してみました。

そして、そのままカウンセリングを続けていくと、「僕って、そんなに反抗的な態度をしていますかね？」と突然言い出したんです。

そこで「**〈だから〉**そんなに反抗的にしているわけではないんです」と答えたら「十分にわかりましたから、もうやめてください！」とついに音を上げたのです。

多少荒療治でしたが、**〈だから〉**という言葉のネガティブな力に気づいてもらう、いいきっかけになったと考えています。最後に彼は、「そんなに嫌な言い方を私はしていたんですね」とスッキリした顔をしておっしゃいました。

彼も**〈だから〉**をやめて**〈なるほど〉**とか**〈そうなんですか！〉**という言葉に変えたら、上司からも「最近ちゃんと話を聞けるようになったじゃないか！」とほめられ、同僚からも「最近丸くなったよね！」と言われたそうです。

「努力しても変わらなかったのは、言葉遣いのせいだったのか」と、彼はちょっぴり悔しそうにしていましたが、ちょっと言葉遣いを変えただけで、人の印象はまったく変わり、「わかってもらえない！」という現象がなくなっていくのです。

第6章

ムリなく自分らしく

「他人中心の幸せ」をリセット！

リセット!
31 今の幸せに集中する

悪い例『大丈夫なのかな?』

Reset!
『先のことはわからない』

〈大丈夫なのかな?〉という口ぐせは、人生の不安を自動的に生み出してしまう、危なっかしい言葉の一つです。

この口ぐせが身についてしまうと、先のことを考えてしまい、幸せな気分に浸ることなんてできなくなります。

どんなことをしていても**〈大丈夫なのかな?〉**と先のことを心配するばかりで、

すぐに不安に襲われます。

そこから「あれも大丈夫かな？」「これも大丈夫かな？」と考えれば考えるほど不安が膨らんでいき、「今の幸せ」とはかけ離れていってしまうのです。

先に起こる不幸が怖くて「大丈夫かな？」と心配し続けてしまって、〝今〟を楽しむことがちっともできなくなるからです。

ある男性も**〈大丈夫なのかな？〉**が口ぐせで、先のことを考えて不安になっていました。

母親からいつも「転ばぬ先の杖」と言われ「あんたはちっとも先のことを考えないからダメなんだ！」と怒られていたと言います。

結果、「先のことを考えなきゃ！」と常に将来のことを考え、最悪を想定するくせがつきました。

「仕事を失ってしまったらどうしよう？」

「金銭的に困ったらどうしよう？」

なんてことを考えて「慎重に頑張らなきゃ！」と自分を奮い立たせます。

不安が現実にならないように必死にやってきたから「毎日の不安は私にとって必要だ」とずっとこれまで思ってきたのです。

将来のことが心配になったとき、どんな口ぐせを使えばいいのか。

私は同じように悩む人に対して次の言葉を提案します。

〈先のことはわからない〉

パッと見ただけでは、**〈大丈夫なのかな?〉**と同じように、不安がっている要素もあるかもしれません。

ドライブは楽しい。だけど、先のことはわからないから、事故に遭うかもしれない——そんなことも考えられます。

しかし、**〈大丈夫なのかな?〉**と決定的に違うのは、不安なときに使うと、ポジティブな意味合いが含まれてくる点です。

ドライブは事故にあうかもしれないから不安だ。

だけど先のことはわからない（事故に遭うことはないかもしれない）――というう、**まだ決まっていない未来に対して、楽しい想像をできる余地を生んでくれるのです。**

たしかに、**〈大丈夫なのかな？〉**という口ぐせは、自分の脳を不安にさせることで、自分の身を守り、そして安全に人生を生きることができる、という側面があります。

でも、不安になることで、あなたの可能性に〝天井〟をつくってしまうこともあるのです。

先のことを考えそうになったら**〈先のことはわからない〉**という口ぐせで不安を軽くしましょう。

そうすれば、「いま、この瞬間」を楽しめるようになり、そして何よりも自分の可能性をずっと広げたものが、自分の中から溢れ出るのを感じられるようになるでしょう。

リセット！ 32

〈伝わってる〉と思えば、心のくもりが取れる

悪い例 『人が信じられない』

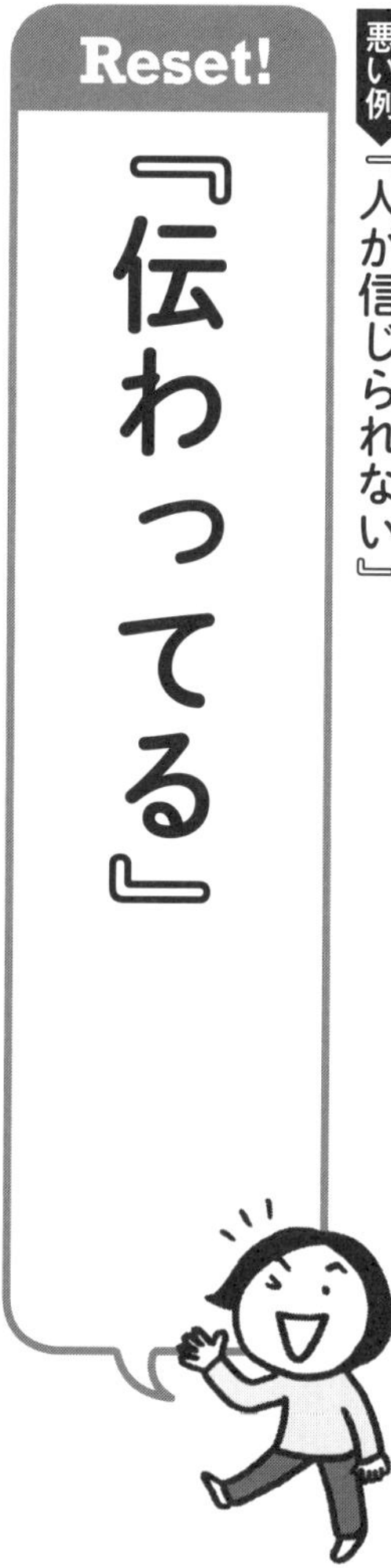

ある日、就職活動に失敗してしまった大学生がカウンセリングにいらっしゃったときのことです。

「このままフリーターになったらどうしよう……」と彼は大きな不安を抱えていました。

これはまさに不安の言葉が暗示となって、自分だけでなく、他人にまで影響を

与えてしまっているケースでした。この大学生にも〈**先のことはわからない**〉という口ぐせを使ってもらうことにして、解決に向かいました。

しかし、〈**大丈夫なのかな？**〉と自分が先のことを心配すると、それが周囲に伝わって、心配した通りになってしまう――こうした現象は興味深いものがあります。

ですが、この効果をとてもいい方向に活かすこともできるのです。

「**自分が思ったことが伝わるのだったら、口ぐせ次第で周りの人といい関係を築けるかも？**」と考えてみるのです。

たとえば、つらいのに誰からも助けてもらえないとき、〈**やっぱり、人って信用できないんだから！**〉というのが口ぐせだったら、それが現実となってしまって、誰も信用できない（されない）状況を作ってしまいます。

本当は周囲から助けてもらっていても、心がくもってしまっていて、どうしてもそのことに心が気づけない状態になっているからです。

そこで、心の中の口ぐせを〈**伝わってる**〉に変えてみましょう。

〈伝わってる〉というのは、自分が困っていることも、応援してほしいことも相手にちゃんと**〈伝わってる〉**ということになります。

〈伝わってる〉という口ぐせに変えれば、相手が少しでも手伝ってくれたときに、そのことに気づくことができます。すると、「あれ？　ちゃんとみんな応援してくれているじゃない！」と嬉しくなってきます。

「手伝って」などと言っていないにもかかわらず、人が自然と自分を助けてくれて「本当に伝わっているんだ！」ということをさらに実感できるようになります。

〈伝わってる〉という口ぐせは「え？　なんでも伝わっちゃうの？」と少し不安になってしまいますよね。

けれども、変なことを考えていたって、いろんな感情があったって、それはただの表面だけ。**暗示は、人の根底に流れている部分のみをしっかりと伝えてくれます。**

そして、人間の本質は、やさしさに満ち溢れているのです。

〈伝わってる〉を口ぐせにしていると、「人間って、結構いいもんなんだな」と自分を含めて思えるようになるのです。

リセット！

33

他人のつらさから、自分の課題を見つける

悪い例　『あの人と比べて』

Reset!

『あの人も大変』

「友人や同僚と比べて今の自分って、パッとしないな……」

こんな風に人間は、他人と自分を比べるという性を持っています。

しかし、**〈あの人と比べて〉**といちいち相手を分析することは、自分のオリジナルの感情を「相手のことを考えるため」だけに消費してしまう、非常に無駄な行為です。

人間はいつも相手に合わせようとする不自然な生き物です。

しかも、たいていはその群れの中で自分が一番劣っているという想像も混じります。

しかし、**当然ながら相手からは自分は「弱者」には見えません。**

すると、他の普通の人同士が仲良くやっているだけでも「なんで私だけ……」と周囲から取り残された気持ちになってしまいます。

自分が大変なときには、

「他の人のことは助けるのに、なんで私だけ放って置かれるのかな？」

「なんで他の人には優しい言葉をかけているのに、私にだけ追い討ちをかけるきついことをいうのかな？」

などというネガティブな感情が生まれるのです。

いつも人のことを気にしている限り、自分のつらさ、大変さは消えていきません。

〈あの人と比べて〉という口ぐせも、人のことを考えていることになり、自分の感情がおざなりになってしまいます。

それは、自分にとって大事な感情を消費してしまうことです。こうした感情の消費をなくして、自分の現在と将来に目を向ける必要があります。

〈あの人も大変〉と言ってしまえば、**〈自分も大変〉**という感情が湧いてきます。**すると、目の前の課題がハッキリと見えてくるはずです。**

羨望という感情で隠れていた、本当にやるべきことにまい進することができます。

〈あの人と比べて〉〈なんで私ばっかり……〉という口ぐせを止めることで、自然体で過ごすことができて、相手からもねたみを買うことだって避けられます。

「かっこつけている！」と誤解されなくなり、**「本当に困っているんだ！」**と適切**に助けてもらえるようになるのです。**

みんなと同じ扱いをしてもらいたい、と努力をしていたときは**〈なんで私ばっかり……〉**という理不尽な結果しか出ませんが、口ぐせを変えるだけで、自分の進むべき道を迷わず歩めるのです。

あの人と比べて
私はパッとしない…
取り残された気分で
モヤモヤしたまま
あの人も大変
なんだな！
「自分も大変」と思えて
課題が見える
人からの羨望もなくなり
困っているときに助けてもらえる

リセット！ 34

叶えたいことは、漠然としたままにする

悪い例『目標を達成したい』

Reset!

『思ってるようになったらいいな〜』

人はだれしも叶えたいものがあります。

好きな仕事に就きたい、才能を活かして有名になりたい、結婚して幸せな家庭を築きたい――。

そうした漠然としたものを夢や目標と呼んでいます。

ただ、意識しない「夢」と「目標」の違いは、実はとても大きなものなのです。

〝目標〟とは、「達成できるのかな？　大丈夫かな？」と先のことを現実的に考えながら想像していくものです。

先を想像してしまうから、不安になってしまい、「自分では叶えられないかも……」となる傾向が強い。

一方、〝夢〟となると別です。

たいていは、実現不可能なものだったりするため、「大丈夫かな？」なんて先のことすら考えなくなります。

漠然とした夢なら叶わなかったときの心理的ダメージも最低限で済みます。

そうなると、**不安になることはないわけですから、不思議と夢を持つと、人は自分の能力をのびのびと発揮させることができます。**

自由に自分の能力を活かすことで、能力の限界というものも自然と超えていけますし、夢が大きければ大きいほど「自分の力で達成しよう」なんてことは考えなくなりますから、不安は大きく湧いてはきません。

大きな夢を持つと、**〈思っているようになったらいいな〜〉**という純粋なお願いの口ぐせが生まれてきます。

この純粋なお願いの口ぐせが奇跡を呼びます。

〈思っているようになったらいいな〜〉という口ぐせには不安が全くないから、すべての限界が吹き飛び「あれ？　いつの間にか夢が現実になっているのかも！」ということがたくさん起こります。

不安こそが、人の限界を作り出しているのです。

しかし、大きな夢はその不安をすべて取り除いてくれるから、素敵な口ぐせとともに限界を超えた世界へと誘ってくれます。

〈思っているようになったらいいな〜〉と大きな夢を抱けば抱くほど、心が不安から解放されていって、限界知らずの世界に生きることができるのです。

Column

6

子供の将来を心配しているのに、不安が的中するばかり

ある日、小学生の子どもを連れたG子さんがカウンセリングにいらっしゃったときのことです。

彼女は、「この子の将来は大丈夫でしょうか？」と、ひどく心配をされているようでした。よくよく話を聞くと、

「学校で人とうまく馴染めていないので、将来は仕事も続かずに、社会適応ができなくなって路頭に迷うのでは……？」

という途方もない不安を抱いているのです。親だから子どもの将来のことを心配するのは当然だとは思いますが、さすがに未来のこと過ぎて驚いてしまいました。

こうしたとき、心配すればするほど、不思議と心配した通りになっていきます。

「同世代の子とうまく付き合えない」「クラブ活動が続かない」「学校に行きたがらなくなった」……となってしまいます。

親が不安を口にすればするほど、それを聞いている子どもにも暗示がかかって、その不安が伝染して、避けようとしているはずの「不安な将来」が現実化していくのです。

そこで、G子さんに**〈先のことはわからない！〉**という口ぐせを使ってみてもらうことにします。

子どもの将来のことを考えそうになったら**〈先のことはわからない！〉**と頭の中でつぶやいてもいいし口ぐせにしてもいい、と。

G子さんが**〈先のことはわからない！〉**という口ぐせを使っていると「あ

れ？　息子の様子が変わってきたかも！」となります。友達ができるようになり、学校にも普通に通って「お！　あの子が彼女を作った！」となってG子さんがびっくりします。

そんなG子さんが「私の〝大丈夫かな？〟という不安が子どもに暗示をかけて、私が不安になった方向に息子を動かしてしまっていたんですね！」とおっしゃって「お〜！」とびっくりしました。

同じように、「お金は将来大丈夫かな？」と不安になっていると「ちっとも貯金がふえない！」という不思議な現象があります。

お金の心配が浮かんできたら、これも**〈先のことはわからない！〉**と口ぐせのように唱えてみてください。「あれ？　今までかなり無駄遣いをしていたんだ！」ということに気がついたりします。

心配して普段はケチケチ生活をしているつもりだったのですが、定期的に「どーん！」と無駄遣いをしていて、減った貯金額を見て不安になっていたのです。

〈先のことはわからない！〉を口ぐせにしていると、不思議とストレスがたまらずに少しずつでも貯金ができるようになります。

おわりに

「初めに言葉があった」という、新約聖書の有名な一文を、私はとても気に入っています。

世の中は全て言葉によって作られていて、言葉で作られていないものは何もなかった、という意味がそこにあるからです。

この本で私がお伝えしてきたように、私たちは、「自分の見ている世界は、言葉でつくられている」ということを普段から大切にしています。

自覚していてもいなくても、言葉が自分の人生を作っていることは変わりません。

けれども、それを自覚できたときに、ものすごい力を手に入れたような感覚になります。

なぜなら、言葉一つで私の人生が面白いように変わっていくから。

そして、言葉は自分の人生を変えるだけじゃなくて、周りの人の人生にまで影響を及ぼします。

言葉により自分の人生がどんどん楽しいものへと作り変えられていき、周囲の人たちとの幸せの絆がどんどん広がって深まっていくのです。

たとえ、それがたった一言だったとしても、です。

全てのものは言葉によって作られているということは、幸せや喜びもまた、言葉とともに作られていくのです。

この本を最後まで読んでくださったあなたにも、どうか豊かな人生が訪れますように願っています。

大嶋信頼

大嶋信頼（おおしま・のぶより）

心理カウンセラー／株式会社インサイト・カウンセリング代表取締役。米国・私立アズベリー大学心理学部心理学科卒業。ブリーフ・セラピーのFAP療法（Free from Anxiety Program）を開発し、トラウマのみならず多くの症例を治療している。アルコール依存症専門病院、周愛利田クリニックに勤務する傍ら東京都精神医学総合研究所の研究生として、また嗜癖問題臨床研究所付属原宿相談室非常勤職員として依存症に関する対応を学ぶ。嗜癖問題臨床研究所付属原宿相談室長を経て、株式会社アイエフエフ代表取締役として勤務。心的外傷治療に新たな可能性を感じ、株式会社インサイト・カウンセリングを立ち上げる。多くの人が自由に生きられることを目指し、治療を行っている。臨床経験のべ9万件以上。

著書に『チクチク・いやみ・理不尽と感じる「ほんのひと言」に傷つかなくなる本』（大和書房）、『「いつも誰かに振り回される」が一瞬で変わる方法』（すばる舎）など多数。

本作品は小社より二〇一八年一月に刊行されました。

だいわ文庫

いちいち悩《なや》まなくなる　口《くち》ぐせリセット

著者　大嶋《おおしま》信頼《のぶより》

二〇二一年六月一五日第一刷発行

発行者　佐藤　靖

発行所　大和《だいわ》書房

東京都文京区関口一－三三－四　〒一一二－〇〇一四

電話　〇三－三二〇三－四五一一

フォーマットデザイン　鈴木成一デザイン室

本文デザイン　髙橋美緒（Two Three）

本文イラスト　坂木浩子（ぽるか）

本文印刷　厚徳社

カバー印刷　山一印刷

製本　小泉製本

ISBN978-4-479-30871-3

乱丁本・落丁本はお取り替えいたします。

http://www.daiwashobo.co.jp